AF603280

HISTORIQUE ET THÉORIE

DE LA

PROPRIÉTÉ DES AUTEURS.

HISTORIQUE ET THÉORIE

DE LA

PROPRIÉTÉ DES AUTEURS

PAR

M. GASTAMBIDE

PROCUREUR GÉNÉRAL PRÈS LA COUR IMPÉRIALE DE TOULOUSE

PARIS

CHEZ COSSE ET MARCHAL, LIBRAIRES-ÉDITEURS

PLACE DAUPHINE, 27.

1862.

Je détache ces quelques pages d'un Traité juridique que j'allais faire paraître sur la Propriété littéraire, artistique et industrielle.

Le Décret impérial qui vient d'instituer une Commission à l'effet de réglementer à nouveau cette importante matière, me fait ajourner la publication de mon Traité.

Sans prétendre à l'honneur d'éclairer l'opinion des hommes éminents appelés par l'Empereur à préparer le Code de la propriété littéraire, il m'a semblé que je devais à des convictions déjà anciennes chez moi [1], de les produire dans le débat qui va s'ouvrir, ne fût-ce que pour les y éprouver, et m'éclairer moi-même sur ce qu'elles peuvent valoir.

15 janvier 1862.

[1] 1837. *Traité théorique et pratique des contrefaçons.*

HISTORIQUE.

I.

Temps antérieurs à l'invention de l'imprimerie.

Le Droit désigné sous le nom de Propriété littéraire est d'origine moderne ; la nature des choses le voulait ainsi.

Ce n'est pas que les hommes aient attendu jusqu'à ces derniers temps pour penser et pour écrire. Au contraire, le génie humain ne se montra peut-être jamais avec plus d'éclat et de grandeur qu'aux siècles où il semblait s'ignorer lui-même, et où il ignorait surtout que ses inspirations pussent devenir une source de richesses.

Mais la manière dont la pensée écrite se répand dans le public, les procédés manuels ou mécaniques employés pour la manifester, durent nécessairement avoir une grande influence sur le Droit spécial qui nous occupe, et qui règle l'attribution à faire aux auteurs des fruits utiles de leurs œuvres.

Au temps où les écrivains ne pouvaient communiquer leurs ouvrages au lecteur qu'à l'aide de copies faites à la main, on comprend que le nombre des personnes assez riches pour acheter ces copies devait être excessivement restreint, et que bien peu aussi devaient être en état de les goûter et peut-être de les lire. Aussi n'était-ce point sur le débit d'un grand nombre d'exemplaires de son œuvre que l'auteur pouvait alors compter pour se rémunérer de ses peines ; et il était plus ordinaire, en effet, de le voir se mettre au service d'un Mécène qui le protégeait et le faisait vivre, que chercher à tirer profit par lui-même ou par un libraire du placement fort peu lucratif des reproductions coûteuses de son œuvre.

Les auteurs tragiques ou comiques trouvèrent plus vite à utiliser directement le résultat de leurs travaux, en vendant leurs compositions aux villes, aux magistrats, aux édiles, qui, devenus propriétaires de ces œuvres, les faisaient représenter sur la scène. Mais encore ce procédé primitif d'utilisation n'avait-il rien de commun avec la situation qui est résultée plus tard, pour les auteurs dramatiques, de la multiplicité et de l'organisation quasi industrielle de nos scènes modernes.

Les statuaires, les peintres, vendaient aussi leurs statues, leurs tableaux, sans songer à tirer profit des reproductions qu'on en pouvait faire. Et en effet, cet intérêt ne pouvait naître qu'avec les modernes procédés du moulage et de la gravure[1] qui ont permis de faire arriver aux mains du plus grand nombre les chefs-d'œuvre

[1] Les anciens connaissaient l'art de graver les pierres (Glyptique); mais ce n'est qu'au XVe siècle qu'on imagina de tirer des épreuves des planches gravées. On en attribue l'invention à Maso Finiguerra (1452).

de nos maîtres, et qui ont ainsi créé, pour les arts, des conditions nouvelles d'existence et de rémunération.

Aussi, ne trouve-t-on dans les législations anciennes, et notamment dans le Droit romain, si complet et si riche en toutes matières, aucune disposition qui, de près ou de loin, ait trait à ce droit particulier que les lois modernes ont reconnu aux auteurs et aux artistes sur les reproductions ou copies de leurs ouvrages [1].

Nous voyons bien qu'il y avait à Rome, et dans quelques grandes villes de l'empire, des *bibliopoles* ou libraires, qui se chargeaient de procurer aux amateurs les copies des ouvrages connus et recherchés. — Martial donne au lecteur l'adresse de son bibliopole [2]. — Ailleurs il se plaint et se flatte que son libraire, trop pressé par les acheteurs, laisse échapper des fautes qui déshonorent ses vers [3]. — Pline le jeune apprend avec plaisir que la ville de Lyon n'est pas dépourvue de libraires. — Quintilien se réjouit avec le sien de ce que son livre est fort demandé. — Il est même bien probable que le bibliopole rémunérait de quelque manière l'auteur qui le gratifiait des prémices de son œuvre. Mais, encore une fois, rien, dans ces temps

[1] M. Jules Mareschal, qui a écrit pour la perpétuité de la propriété littéraire, a dit que le plagiat était puni par les lois romaines à l'égal du vol auquel elles l'assimilaient. Cet écrivain s'est trompé. C'est le *plagium* qui était puni à Rome. Or, le *plagium* était le crime de celui qui volait un enfant, un esclave, ou qui achetait comme esclave un homme libre. (Dig. lib. 48, tit. 15, *de plagiariis.*)

[2] . . . . Quære Secundum
Limina post Pacis palladium que forum.

[3] . . . . Nocuit librarius illis
Dum properat versus annumerare tibi.

reculés, rien qui ressemble, d'une manière sérieuse, à ce que nous avons appelé la propriété littéraire.

Avec la chute de l'empire romain commencèrent ces temps de barbarie intermédiaire qui furent pour les lettres et les arts, sinon la mort, du moins une longue et profonde léthargie. Pendant cette période de ténèbres, les productions de l'intelligence périrent ou furent comme si elles n'étaient pas. Personne ne s'enquit plus d'elles, et Homère, et Virgile, et Démosthène, et Cicéron, loin de trouver des copistes, s'effacèrent sous le grattoir et la surcharge des palimpsestes.

Il faut arriver aux XIIIe et XIVe siècles pour voir exhumer par des mains intelligentes et pieuses ces belles œuvres de l'antiquité, si longtemps ensevelies dans les ombres du moyen-âge.

Peu à peu cependant le goût des lettres reprit faveur; quelques princes encouragèrent l'étude, et, en particulier, l'écriture, la calligraphie, qui était, à ces époques encore, l'unique moyen de conserver, de communiquer et de répandre la pensée.

Enfermés longtemps dans l'intérieur des couvents, l'art et le commerce des copies prirent d'assez notables accroissements avec la création des Universités, qui s'adjoignirent, sous le nom de libraires, des hommes spécialement chargés de faire et de débiter ces copies.

On voit, dans les statuts que l'Université de Paris donna au corps de la librairie aux XIIIe et XIVe siècles, que les libraires ne pouvaient refuser de louer leurs livres, soit pour être lus, soit pour être copiés, ce qui montre bien, pour le dire en passant, que le droit de copie n'avait rien d'exclusif et appartenait à tous [1].

Quelques faits donnent encore une idée de ce que pouvait être la librairie dans les années qui ont précédé l'invention de l'imprimerie. Si l'on en croit le savant M. Daunou, un volume in-folio pouvait valoir, au XIIIe siècle, quatre ou cinq cents francs de notre monnaie actuelle. D'après M. Renouard, le roi Jean aurait laissé à son fils Charles V, en 1364, une dizaine de volumes; celui-ci, à son tour, serait parvenu à en rassembler neuf cents. Enfin, Louis XI, en réunissant tout ce qu'il avait trouvé de manuscrits dans les divers châteaux royaux, forma les commencements de cette précieuse collection qui est devenue aujourd'hui la bibliothèque impériale. Or, il faut se souvenir que Louis XI put ajouter déjà quelques livres imprimés à sa bibliothèque de manuscrits ou de copies manuscrites; car c'est sous son règne que des imprimeurs de Mayence vinrent s'établir à Paris, et y donnèrent les premiers produits de leur art merveilleux [2]. Au surplus, l'imprimerie venait satisfaire un besoin vivement senti; car Claude Villaret nous apprend qu'au moment où elle fut

[1] Nullus stationarius denegabit exemplaria alicui etiam volenti aliud exemplar facere, dùm tamen pro eo pignus sufficiens exponat et satisfaciat secundùm ordinationem Universitatis. — Statut de 1323, *Historia universitatis*, auctore Cæsare Bulceo, t. IV.

[2] Il est assez curieux que Louis XI ait pris sous sa protection l'imprimerie, tandis qu'elle fut d'abord combattue par l'Université et le Parlement comme une œuvre de sorciers.

inventée, l'art de l'écriture occupait plus de dix mille écrivains, tant à Paris qu'à Orléans.

Quoi qu'il en soit, l'invention de l'imprimerie, en apportant un changement radical dans la reproduction des œuvres de l'intelligence, devait donner naissance à ce droit nouveau que nous allons voir poindre et se développer, depuis le jour où parut dans le monde le premier livre imprimé [1], jusqu'à ces derniers temps où la propriété littéraire a reçu de la loi et d'un ensemble de traités avec la plupart des nations de l'Europe une extension qui n'est pas encore arrivée, sans doute, à ses dernières limites.

II.

Depuis l'invention de l'imprimerie jusqu'aux statuts de 1618.

Avant la découverte de l'imprimerie, chaque copie à la main se vendait à un prix qui en couvrait immédiatement toute la dépense. Il n'y avait, d'ailleurs, de la part de l'éditeur-copiste, ni avances de fonds, ni chances à courir, ni œuvre de grande intelligence.

Mais lorsque le procédé de l'impression vint se substituer à la copie; lorsqu'il fallut, pour éditer un livre, se pourvoir d'un matériel important, préparer péniblement la composition typographique, la corriger avec soin, intelligence et savoir; lorsqu'il fallut tirer, à grands frais et d'avance, un nombre

[1] Le premier livre connu, le *Psautier de Mayence*, a été imprimé en 1457.

considérable d'exemplaires, dont chacun, cependant, devait se livrer à un prix relativement très modique, et qu'ainsi la dépense de l'édition ne put être recouvrée qu'à la longue et par un lent épuisement, il arriva ceci. D'une part, l'imprimeur, ne voulant s'aventurer dans une entreprise de ce genre qu'à la condition d'être assuré du débit de l'œuvre qu'il allait publier, demanda une garantie contre la concurrence, c'est-à-dire un monopole, un privilége de publication. D'une autre part, l'intérêt du public se trouva d'accord, dans ces premiers temps, avec l'intérêt de l'imprimeur privilégié; car, sans les avantages concédés à celui-ci sous la forme du privilége, bien des années se seraient écoulées encore, avant que l'art de Gutenberg eût tiré de l'oubli et enfanté à une vie nouvelle, pour l'utilité de tous, les plus précieux chefs-d'œuvre de l'antiquité.

Ainsi s'explique comment les priviléges furent accordés d'abord aux imprimeurs, et eurent simplement pour objet d'assurer à ces derniers, pendant un temps plus ou moins long, l'exploitation exclusive des livres qu'ils éditaient. Ajoutons que les auteurs nouveaux étaient alors bien peu nombreux, peu habitués aussi à tirer profit de leurs travaux, en sorte que l'industrie de l'imprimeur eut tout d'abord à s'exercer presque exclusivement sur les ouvrages anciens.

Avec le temps, les choses changeront. Les auteurs nouveaux, plus nombreux, plus accrédités, s'enhardiront à réclamer le prix de leur travail. D'un autre côté, les imprimeurs, grâce à l'extension des lumières et au débit chaque jour plus considérable des livres, ne pourront plus, pour revendiquer le bénéfice exclusif du privilége, se prévaloir au même degré, soit de l'importance de leurs sacrifices, soit des chances de pertes auxquelles il s'exposent. Par cette double cause, il arrivera que les priviléges d'imprimeurs feront insensiblement place aux priviléges d'auteurs, jusqu'à ce qu'enfin une loi plus libérale et plus juste vienne encore changer ces priviléges en un *Droit* et les élever à la hauteur d'une propriété.

Mais ne devançons pas le cours des années, et voyons ce qui se passe au lendemain de l'invention de l'imprimerie.

Dès l'année 1494 et les années suivantes, on voit donc des priviléges accordés à un grand nombre d'imprimeurs-libraires, par la République de Venise, par le duc de Milan, par les Papes, et, en France, par le roi Louis XII, par les Parlements[1], par l'Université, et même par le prévôt de Paris.

Presque tous ces priviléges sont accordés, dans les premiers temps, ainsi que nous l'avons déjà dit, à des imprimeurs ou à des libraires. Si, parfois, le privilége est concédé à un auteur, c'est par exception et avec prohibition à lui de fabriquer et de vendre personnellement son ouvrage, ce qui eût été regardé comme une atteinte aux droits de la librairie. Si, parfois aussi, on accorda des pri-

[1] J'en ai vu un notamment accordé par le Parlement de Toulouse, en 1522, pour deux années seulement, et qui n'en excita pas moins la reconnaissance de l'éditeur, jusqu'à lui inspirer un *rondeau* en l'honneur des deux commissaires du Parlement chargés de la délivrance des priviléges.

viléges à des individus qui n'étaient ni auteurs ni libraires, ce fut un abus de pouvoir ; mais le droit commun fut la concession des priviléges aux imprimeurs-libraires. C'était, en effet, la conséquence forcée de l'état des choses.

Une question grave ne tarda pas à se poser, question de principe qui devait se débattre bien longtemps avec des fortunes diverses, qu'on a pu croire résolue, et qui cependant se renouvelle encore aujourd'hui, je veux dire la question relative à la durée des jouissances privilégiées.

On eut à examiner, en effet, si, après l'expiration d'un privilége limité dans sa durée, l'ouvrage pouvait être librement réimprimé, ou si au contraire un nouveau privilége pouvait être obtenu, soit par le libraire précédemment privilégié, soit par un autre qui lui serait substitué.

On se demanda également, si un ouvrage déjà imprimé, soit en France sans privilége, soit en pays étranger, ne devait pas être réputé de libre disposition, ou si, au contraire, il était encore susceptible de privilége.

En d'autres termes, et à des points de vue divers, on commença à faire valoir l'intérêt et les droits de ce que nous appelons aujourd'hui le *domaine public*, en opposition à l'intérêt et aux droits du libraire privilégié.

Ce furent les libraires non pourvus de priviléges qui prirent en main la cause du domaine public, et qui soutinrent qu'après l'expiration d'un premier privilége ou après une première publication sans privilége, le droit de réimpression devait appartenir à tous. « En effet, disaient-ils, les œuvres de Virgile ou de Cicéron n'appartiennent à personne, ou plutôt elles appartiennent à tout le monde : il peut être juste et utile d'encourager une première publication par un privilége d'une durée déterminée ; mais cette publication une fois faite, le privilége n'a plus de raison d'être, il n'est plus qu'une faveur injustement concédée à un seul au préjudice de tous. » — Cette argumentation était parfaitement raisonnable en ce qui regardait les ouvrages des auteurs anciens ; elle l'était moins pour les ouvrages des auteurs vivants qui pouvaient évidemment prétendre à une protection plus étendue et par conséquent plus durable.

Mais le moment n'était pas venu encore de démêler et de mesurer exactement ces intérêts divers ; et c'est avec quelque confusion que se produisirent tout d'abord ces premières réclamations élevées au nom du domaine public.

Ainsi, on rencontre en 1578 (un siècle environ après la découverte de l'imprimerie), un premier arrêt du Parlement de Paris qui, *sans distinguer entre les auteurs anciens et les auteurs nouveaux*, défend d'obtenir des prolongations de priviléges, s'il n'y a augmentation dans le texte de l'ouvrage.

Un autre arrêt du 3 août 1579, rendu sur les conclusions de Barnabé Brisson, décide qu'on ne peut obtenir privilége pour des livres qui ont déjà été imprimés.

Un arrêt du même Parlement, du 15 mars 1586, annule un privilége de six années accordé pour la publication d'un *Sénèque annoté par Muret*, parce que cet ouvrage avait été précédemment imprimé à Rome sans privilége.

Un arrêt de Rouen du 9 juillet 1610 maintient le privilége pour une édition *revue et corrigée* d'un livre d'Olivier de Serres; mais il déclare le privilége sans effet quant à la réimpression pure et simple de l'ancienne édition.

Le Parlement de Paris, dans son arrêt du 5 mai 1617, consacre les mêmes principes à propos du fameux roman de l'Astrée, par Honoré d'Urfé. Les deux premières parties de cette œuvre avaient fait l'objet d'une première publication, lorsque l'auteur y voulut ajouter une troisième partie. L'éditeur demanda et obtint à la fois privilége pour cette addition et continuation de privilége pour la réimpression des deux premières parties. Sur la réclamation des libraires de Paris, le Parlement déclara que cette prolongation de privilége était illicite et que tous les libraires pouvaient librement imprimer les deux parties du roman auxquelles s'appliquait cette prolongation.

Un autre arrêt de Paris, du 19 août 1617, annule un privilége accordé pour les ouvrages de *Sénèque*, ouvrages depuis longtemps imprimés pour la première fois.

On voit donc que les Parlements faisaient effort, dès la seconde moitié du xvie siècle, et le commencement du xviie, pour imposer une limite à la durée des jouissances exclusives résultant des priviléges, et en même temps pour substituer quelques principes à l'arbitraire de l'administration en cette matière.

Mais les arrêts de Parlements, bons pour ceux qui les

avaient obtenus, bons aussi pour préparer l'avenir, n'avaient pas empêché l'administration d'accorder des priviléges ou des continuations de priviléges, lorsqu'elle le jugeait à propos; et il y avait bien des raisons, plus ou moins plausibles, pour qu'elle en agît ainsi. D'une part, les concessions de priviléges lui facilitaient la police de la librairie, en faisant d'un certain nombre de libraires éditeurs des privilégiés qui lui devaient leur bien-être, et dont la soumission lui était, par cela même, acquise. D'autre part, on faisait valoir en faveur des priviléges, que la libre concurrence empêchait les imprimeurs-libraires de retirer un profit suffisant de leurs entreprises, que cela les détournait de publier certains livres utiles, et enfin que cette concurrence qui visait au bon marché nuisait à la correction des textes et à la beauté de l'impression.

Il y avait donc entre l'administration et les Parlements, sur cette question des prolongations de priviléges, le même dissentiment qui existait entre les libraires.

Chose assez remarquable, en 1618, l'administration parut se ranger subitement à la doctrine des Parlements, et, sur la demande du corps de la librairie, en opposition aux libraires possesseurs de priviléges, approuva, par lettres patentes du Roi, dûment vérifiées en Parlement, des statuts réglementaires, dont l'article 33 était ainsi conçu : « S. M. défend à tous libraires, imprimeurs » et relieurs de la ville de Paris, d'obtenir aucune pro- » longation de priviléges pour l'impression des livres, s'il » n'y a augmentation à ces livres. » Et ainsi, ce principe semblait désormais consacré par le pouvoir législatif comme par la doctrine parlementaire : qu'un privilége étant une fois accordé pour l'impression d'un livre, quelque durée d'ailleurs qu'on eût assignée à ce privilége, il n'était plus permis d'en obtenir la prolongation.

Mais ce qu'il faut remarquer aussi, c'est que cette prohibition s'appliquait aussi bien aux livres nouveaux qu'aux livres anciens, ce qui était contraire à l'équité, à la nature des choses, et ce qui devait bientôt, avec d'autres motifs moins sérieux, ramener l'administration à d'autres pratiques.

III.

Depuis les statuts de 1618 jusqu'aux arrêts du Conseil de 1665-1671.

En effet, les statuts réglementaires de 1618 et l'accord qu'ils avaient établi entre l'administration et les Parlements n'eurent pas une longue durée.

Les libraires privilégiés étaient trop intéressés à faire proroger leurs priviléges ; l'administration n'avait pas assez d'intérêt à leur résister. D'un autre côté, les libraires non privilégiés étaient nombreux, mais point puissants. Il en résulta que des continuations de priviléges furent bientôt accordées comme par le passé ; et il faut reconnaître que, dans bien des cas, lorsqu'il s'agissait, par exemple, de livres nouveaux, de livres d'auteurs vivants, ces continuations pouvaient paraître équitables et même nécessaires.

Quoi qu'il en soit, dès l'année 1647, les statuts de 1618, déjà méconnus depuis longtemps, devenaient l'objet d'une abrogation formelle. Le chancelier Séguier notifiait au corps de la librairie « que la volonté du Roi était qu'on » prît des priviléges pour tous les livres anciens ou nou- » veaux à imprimer ou à réimprimer. » En d'autres termes, aucun livre ne pouvait être librement réimprimé, même après expiration de privilége ; le gouvernement redevenait le maître d'accorder un nouveau privilége ou une continuation de l'ancien. C'était le retour pur et simple à l'état de choses existant avant 1618.

Et deux ans après, un arrêt du conseil du 20 décembre 1649 confirmait cette abrogation des statuts de 1618, en donnant de nouveaux statuts présentés à l'enregistrement du Parlement, et dont l'art. 26 était ainsi conçu : « Nous » voulons que les libraires et imprimeurs qui *réimpri-* » *meront* les œuvres des auteurs de l'antiquité en quelque » langue que ce soit, puissent obtenir le *privilége pour* » *tel temps que nous jugerons raisonnable*, et ce en un » seul format ; permettant aux autres libraires d'obtenir » privilége pour imprimer en un autre format. » Il y avait cependant exception pour les Vies des Saints non nouvelles, les Usages romains, les Missels, les anciens Despautères, grammaires, petits livres de classe, almanachs, qui pouvaient être imprimés par tous libraires, à la charge d'obtenir une approbation.

Cependant lorsque ces statuts furent présentés au Parlement pour l'enregistrement, les libraires non priviléqiés intervinrent et demandèrent le maintien du règlement de 1618 ; ils proposaient un article ainsi conçu : « Que » les priviléges obtenus pour les vieux livres ou pour ceux » imprimés en pays étranger, ou pour ceux qui avaient

» été précédemment l'objet de priviléges expirés, fussent » révoqués, avec défense à tous impétrants de s'en servir » sous peine de 1,000 liv. d'amende ». — L'Université intervint aussi et conclut dans le même sens, tout en réservant le droit d'approuver les livres, de les taxer, etc. — Le Parlement n'était pas favorable, on le sait, au système des priviléges continués ou prorogés ; il nomma douze personnes pour examiner la question ; le procès n'eut pas de suite, mais le résultat définitif fut que les statuts ne furent pas enregistrés.

Et alors le Parlement, persistant dans sa doctrine, rendit des arrêts contre la teneur des nouveaux statuts, notamment l'arrêt du 7 septembre 1657, qui défend d'obtenir prorogation de privilége, à moins qu'il n'y ait augmentation de texte *d'au moins un quart.*

De son côté, le Conseil du roi rend, en 1659, 1660, 1662, des arrêts contraires à ceux du Parlement; et enfin, le 14 août 1663, dans un arrêt relatif à une continuation de privilége pour les *usages romains* (lesquels *usages romains* n'étaient cependant pas susceptibles de priviléges d'après les statuts de 1649), le conseil, disons-nous, déclare « que pareilles lettres de continuation doivent être obéies et que le présent arrêt servira de règlement général, nonobstant tous autres règlements et arrêts à ce contraires. »

Ainsi s'était ranimée la lutte entre le Parlement et le Conseil du roi, le Parlement persistant à repousser les prolongations de priviléges, le Conseil du roi revenant à ces prolongations, appliquant ses statuts de 1649, enchérissant même sur l'esprit de ces statuts.

Cependant, comme il arrive souvent, les excès de la lutte devaient conduire à une transaction. Ce fut encore l'administration qui fit les concessions dans l'important arrêt du conseil du roi du 27 février 1665.

Voici les faits du procès à la suite duquel fut rendu cet arrêt[1]. Josse, libraire à Paris, avait obtenu en 1662, une continuation de privilége pour imprimer les *Méditations chrétiennes de Beuvelet*. Au mépris de ce privilége, Malassis, libraire à Rouen, fit imprimer le même livre. Saisie opérée à la requête de Josse. Procès porté devant le conseil. Les deux communautés des libraires de Rouen et de Lyon intervinrent en faveur de Malassis. D'une part, on invoquait pour la validité de la continuation du privilége : 1° le règlement du 20 décembre 1649; 2° 97 copies de continuations de priviléges accordés par le Roi à des libraires de Paris, Rouen, Lyon, depuis 1641 jusqu'au jour du procès, et qui attestaient que la pratique constante était en faveur des continuations ; 3° les arrêts du conseil. — D'autre part et dans le sens opposé, on invoquait : 1° les statuts de 1618; 2° l'arrêt réglementaire du Parlement du 7 septembre 1657; 3° les nombreux arrêts des Parlements. — Faisant droit, le conseil maintint la continuation du privilége de Josse; mais, statuant pour l'avenir et par voie de règlement général, nonobstant tous autres règlements et arrêts à ce contraires, le Conseil dit : « que » ceux qui voudront obtenir des continuations de privi-

[1] Arrêts notables de Boniface, tome Ier, liv. VIII, tit. VI, chap. Ier

» léges, devront se pourvoir, à cet effet, un an avant » l'expiration des priviléges, à peine de ne les pas obtenir. » Ensemble, il est fait défense de demander aucunes let- » tres de privilége ou continuation pour imprimer les » *auteurs anciens*, à moins qu'il n'y ait *augmentation ou* » *correction considérable*, sans que pour cela il soit » défendu aux autres d'imprimer les anciennes éditions » non augmentées, ni revues. De plus, les priviléges pri- » mitifs devaient être signifiés au syndic des libraires de » Paris ; les continuations devraient l'être au syndic des » libraires de Paris, Lyon, Rouen, Toulouse, Bordeaux » et Grenoble. L'impression devait commencer dans les » six mois pour tout délai, à peine de déchéance. — Enfin, » en cas de contravention, *permettait* S. M. d'assigner » les contrevenants au conseil. »

Or, deux choses sont principalement à remarquer dans cet arrêt de 1665. — D'abord le conseil du roi établit, pour la première fois, une distinction entre les livres nouveaux, qu'il importe, en effet, d'encourager et de rémunérer par des priviléges accordés ou renouvelés pour un temps plus ou moins long, et les livres anciens, qui, protégés dans leur temps, n'ont plus désormais besoin de cette protection. Cette distinction est évidemment, de la part du conseil, une concession à la doctrine des Parlements et un retour partiel au règlement de 1618. Mais en même temps que le conseil satisfait à un principe équitable et utile, il le fait de manière à réserver encore à l'autorité un arbitraire assez large dans la concession ou la continuation des priviléges. Ainsi, il s'abstient de dire ce qu'il faut entendre par *livres anciens* ; il admet le privilége même pour ces livres, lorsqu'il y a augmentation ou *correction* considérable ; enfin, il essaye d'attirer exclusivement à la juridiction du conseil les affaires de cette nature, et cette dernière disposition deviendra de plus en plus impérative jusqu'au règlement de 1723, qui décidément transportera, sans équivoque, au conseil du Roi toute compétence en cette matière.

Toutefois, il était difficile qu'on ne disputât pas bientôt sur ce que le conseil avait voulu dire par ces mots *livres anciens*, et que l'intérêt privé, habile à profiter des obscurités de la loi, n'amenât pas le législateur à s'expliquer plus clairement.

En effet, en 1671, un libraire de Paris prétendit avoir le droit de réimprimer, au mépris d'une continuation de privilége, les œuvres de Saint-François de Sales, œuvres qui n'avaient guère que 60 ans de date, et qu'il soutenait être un *livre ancien*. Les communautés des libraires de Paris, Rouen, Toulouse, intervinrent en sa faveur. Le Conseil décida, par son arrêt du 19 juin 1671, qu'il fallait entendre par *auteurs anciens* tous ceux qui étaient morts avant la découverte de l'imprimerie.

C'était décider qu'aucun privilége ou renouvellement de privilége ne serait accordé pour les ouvrages d'auteurs morts avant 1470 [1], c'est-à-dire depuis plus de deux

[1] 1470 est l'époque de l'impression du premier livre publié à Paris

siècles, ce qui était fort raisonnable, mais aussi qu'on pourrait concéder indéfiniment des priviléges et renouvellements de priviléges pour les ouvrages de tous les auteurs qui auraient vécu depuis 1470, ce qui était beaucoup moins rationnel ; car si un auteur mort en 1470 était réputé *ancien* en 1671, il semblait juste que l'auteur mort en 1480 par exemple, ne fût pas à toujours réputé auteur *nouveau*, surtout lorsqu'à ces dénominations étaient attachés des effets si considérables.

On comprend le système des statuts de 1618, qui défendait toute prorogation de privilége après le premier privilége expiré, pour les livres nouveaux comme pour les livres anciens; c'est le système d'une protection purement temporaire appliquée d'une manière générale. On comprend aussi le système opposé, établi par l'arrêt du Conseil de 1649, qui, pour les livres anciens, comme pour les nouveaux, permet d'obtenir des prorogations de priviléges ; c'est le système d'une protection facultativement perpétuelle pour tous. On comprend surtout un troisième système qui aurait fixé, à dater de la publication d'un livre, un certain temps après lequel il serait réputé ancien ; c'est le système de nos lois actuelles.

Au contraire, on ne s'explique pas la solution de l'arrêt de 1671, si ce n'est toutefois par cette considération que le conseil du Roi a voulu donner une satisfaction aux libraires non privilégiés, en leur accordant la libre disposition d'un certain nombre de livres à réimprimer, et satisfaire en même temps les libraires privilégiés, en leur permettant d'espérer la possession exclusive et prolongée des livres pour lesquels ils avaient obtenu privilége. C'était un premier compromis entre le droit privatif et le droit du domaine public, un premier jalon, tant bien que mal posé, sur la voie qui devait conduire à une délimitation légitime et sensée entre ces deux droits.

IV.

Depuis l'arrêt du Conseil de 1671 jusqu'aux arrêts du 30 août 1777.

Pendant près d'un siècle, l'arrêt du Conseil de 1671 demeura la loi en cette matière, et, malgré ses défectuosités, fut peu critiqué; on le conçoit facilement. D'une part, les livres *anciens* pouvaient être réimprimés librement et sans priviléges, ce qui avait amorti, pour un temps, l'opposition des libraires non privilégiés. D'une autre part, les Parlements n'étaient plus guère saisis des contestations de cette nature depuis l'arrêt de 1665 qui *permettait* d'en saisir le Conseil; et conséquemment, le Conseil privé du Roi et le chancelier ne rencontraient plus de contradiction, si ce n'est peut-être de la part de quelques individualités sans consistance, dont les réclamations purent être longtemps dédaignées.

En 1723, d'ailleurs, l'administration, qui souffrait avec peine, sur ce sujet, les décisions de l'autorité judiciaire, si rares qu'elles fussent devenues, avait pris le parti de les rendre désormais impossibles. En effet, dans le règlement de 1723, relatif à la police générale de la librairie, et où la matière des priviléges est sommairement rappelée, on remarque la disposition suivante, fort importante au point de vue particulier qui nous occupe en ce moment : « Si aucuns empêchements étaient formés à » l'exécution du présent règlement, Sa Majesté s'en réserve » la connaissance, et interdit icelle à toutes ses cours et » autres juges. » C'était, d'un mot, faire cesser toute contradiction officielle.

Cependant il était impossible que cet arbitraire des prolongations indéfinies de priviléges, même restreint aux livres *nouveaux*, ne fût pas l'objet de réclamations plus ou moins vives de la part des libraires-imprimeurs qui n'avaient point de ces priviléges et qui voyaient quelques-uns de leurs confrères se perpétuer dans l'exploitation richement lucrative de certains ouvrages, à l'exclusion de tous autres éditeurs et à l'exclusion des auteurs eux-mêmes.

En l'année 1725, on voit les libraires de province renouveler, auprès de l'administration, la prétention qu'ils avaient autrefois élevée devant les Parlements, et ayant pour objet d'obtenir qu'à l'expiration du privilége, accordé pour l'impression d'un livre, la faculté d'imprimer ce livre appartienne à tous les libraires de France. Les libraires de Paris, généralement possesseurs des priviléges, répondirent par un mémoire que rédigea Louis d'Héricourt et qui fit quelque bruit. A tous les arguments déjà produits en faveur de la cause des continuations de priviléges, Louis d'Héricourt en ajouta un nouveau : il

Mémoire d'Héricourt pour les libraires privilégiés.

produisit, pour la première fois, cette thèse : « Que la propriété d'une œuvre littéraire est de tous points semblable à la propriété d'un meuble ou d'une terre ; qu'elle appartient, indépendamment de tout privilége, à l'auteur, à ses héritiers et à ses cessionnaires et que cette propriété est perpétuelle. ». Il va jusqu'à dire : « Que le Roi n'a pas plus le droit de refuser un privilége ou sa continuation qu'il n'a le droit de dépouiller un de ses sujets de la maison qu'il possède à titre légitime. »

Il y avait certainement du vrai dans ce que disait d'Héricourt; mais il y avait aussi du faux et en même temps peu de franchise et quelque maladresse. Ce qui était vrai, c'est qu'une œuvre littéraire est la *propriété* de son auteur. Ce qui l'était moins, c'est que cette propriété fût de tous points semblable à celle d'un meuble ou d'un immeuble, et qu'elle fût nécessairement perpétuelle. Ce qui était peu sincère, c'était d'invoquer le droit des auteurs pour les en dépouiller en réalité au profit des libraires privilégiés. Enfin, ce qui n'était pas adroit, c'était, lorsque les libraires ne devaient qu'à l'arbitraire du pouvoir leur continuation de priviléges, de leur faire dire que le Roi n'avait pas le droit de leur refuser ces continuations.

La requête des libraires de province fut rejetée, comme on devait s'y attendre, c'est-à-dire que l'administration maintint le régime des continuations de priviléges. Mais le garde des sceaux trouva en même temps très mauvais que les libraires de Paris eussent contesté au Roi le droit de refuser les priviléges, et les syndics et adjoints de la communauté furent contraints de donner leur démission.

Cependant d'Héricourt, à côté de quelques erreurs, s'était, en définitive, rendu l'organe d'une vérité qui commençait à se faire jour; c'est qu'une œuvre littéraire appartient à l'auteur qui l'a produite, que c'est sur le travail et l'invention de celui-ci que repose, avant tout, le principe de la protection accordée à l'œuvre et conséquemment la raison d'être du privilége. Le temps n'était plus, en effet, où la concession d'un privilége avait pour objet unique d'indemniser l'imprimeur-libraire de ses dépenses et de ses risques. Grâce aux perfectionnements de l'imprimerie et au débit sans cesse croissant des livres, l'éditeur n'avait plus le même besoin d'une protection privilégiée; désormais le privilége se justifiait beaucoup mieux comme rémunération du travail de l'auteur et comme moyen, pour lui, de faire fructifier le droit de propriété qu'il a sur son ouvrage. Cette vérité était surtout sensible lorsqu'on voyait des libraires s'éterniser, eux et les leurs, dans la jouissance exclusive d'une œuvre littéraire, tandis que l'auteur et ses descendants en demeuraient dépouillés à toujours, sans que cet abandon de leurs droits fût même profitable au public.

En effet, à dater de cette époque l'intérêt des auteurs va se dégager par degrés de celui du libraire où il avait été jusqu'alors absorbé et comme enseveli. Un droit nouveau, celui des auteurs, va naître du privilége de librairie, pour vivre bientôt d'une vie distincte, et pour le remplacer enfin plus tard sous le nom significatif et légitime de propriété littéraire.

Arrêt de 1761 en faveur des petites-filles de Lafontaine.

Un premier pas est fait dans cette voie par le conseil du roi, en 1761, à l'occasion d'une nouvelle édition des œuvres de Lafontaine. Le célèbre Barbin avait édité, le premier, les immortels ouvrages du Fabuliste. Le privilége lui en avait été concédé, puis prolongé, comme c'etait l'usage. Il l'avait lui-même cédé à d'autres, lorsque, dans le milieu du XVIIIe, les petites-filles du poète demandèrent et obtinrent personnellement un privilége pour éditer les œuvres de leur aïeul. Le cessionnaire de Barbin forma opposition à ce privilége; la communauté des libraires de Paris se joignit à lui, et l'affaire fut portée devant le conseil, qui, par arrêt du 14 septembre 1761, maintint le privilége accordé aux héritières de Lafontaine. C'était proclamer que l'éditeur primitivement privilégié n'était pas investi à toujours d'un droit exclusif sur l'œuvre qui lui avait été originairement cédée, et qu'au contraire, l'auteur ou sa famille pouvait, à un jour donné, obtenir du gouvernement de rentrer en jouissance d'une propriété qui ne devait pas être réputée aliénée d'une manière définitive.

Autre arrêt en faveur de la famille de Fénélon.

Cette jurisprudence fut confirmée, quelques années après, pour les œuvres de Fénélon, dont le conseil fit rentrer le privilége dans les mains de la famille, à l'exclusion des libraires éditeurs.

Les libraires privilégiés durent naturellement lutter, avec énergie, contre ces nouvelles atteintes portées à ce qu'ils considéraient comme leur droit. De même qu'en 1725 nous les avons vus, empruntant la plume savante de Louis d'Héricourt, combattre les prétentions de la libre concurrence ou du domaine public, et s'appuyer, pour cela, sur la propriété impérissable et sacrée des auteurs, dont ils se flattaient d'être les ayant-droit ; de même, en 1767, nous les voyons se servir de la plume ardente du philosophe Diderot pour combattre les auteurs eux-mêmes, et pour enrayer les progrès d'une jurisprudence qui tendait à faire passer à ceux-ci une partie des avantages réservés jusqu'alors exclusivement à leurs éditeurs. M. le conseiller Renouard cite quelques passages de ce Mémoire, que Diderot composa de concert avec un ancien syndic de la librairie, et qui se trouve en manuscrit à la bibliothèque impériale. Il est curieux de voir le libéral encyclopédiste, ce fougueux ami du progrès, se faire le champion quand même du monopole des libraires. Reculant d'un siècle, il va jusqu'à soutenir que, même pour les livres *anciens*, le libraire qui, le premier, a livré à l'impression un manuscrit, devrait en conserver, par des renouvellements de priviléges, la possession exclusive et perpétuelle. *A fortiori* soutient-il que, pour les ouvrages *nouveaux*, la propriété absolue en appartient au libraire qui les a acquis de l'auteur et qui les a édités. Il critique l'arrêt obtenu, en 1761, par les petites-filles de Lafontaine, et qui avait confirmé, au profit de ces dernières, le privilége par elles obtenu à l'encontre de Barbin ou de ses successeurs. Il conclut, enfin, en demandant que les œuvres acquises par les libraires soient considérées comme propriété inat-

Mémoire de Diderot pour les libraires privilégiés.

taquable, dont les priviléges ne seraient que de pures sauvegardes. Pour les livres étrangers, il proposait qu'ils appartinssent, en toute propriété, au premier occupant, ou qu'ils fussent déclarés de droit commun, comme on le jugerait plus raisonnable ; alternative contradictoire qui, pour le dire en passant, montre combien les principes de la matière étaient encore incertains et mal compris. Mais ce qui est surtout à remarquer, dans ce Mémoire de Diderot pour les libraires privilégiés, c'est la résistance opposée par ceux-ci au courant d'idées qui tendait, depuis quelque temps déjà, à élargir le droit des auteurs aux dépens de celui des libraires, à substituer graduellement la propriété littéraire au privilége de librairie.

L'intérêt des auteurs réclamait la réformation d'un autre abus également consacré par les lois. Cet abus consistait dans la prohibition faite aux auteurs de débiter eux-mêmes leurs ouvrages, les libraires ayant le monopole du commerce des livres. Il résultait de cette prohibition que les auteurs étaient dans la dépendance des libraires, et par suite conduits à leur laisser le soin d'obtenir le privilége ou à le leur céder lorsque, par exception, ils l'avaient eux-mêmes sollicité et obtenu. M. Lamoignon de Malesherbes, qui fut directeur général de la librairie de 1750 à 1765, et qui composa, en 1759, cinq Mémoires sur la librairie, demeurés célèbres par l'esprit à la fois libéral et ferme qui les dicta, M. de Malesherbes avait, dans les termes suivants, revendiqué pour les auteurs la faculté de débiter leurs livres : « Les auteurs, disait-il, devraient, suivant

M. de Malesherbes réclame pour les auteurs la faculté de débiter eux-mêmes leurs livres.

le droit naturel, tirer tout le profit de leurs ouvrages, en ayant la faculté de les vendre eux-mêmes. Le droit civil ne s'y oppose pas ; et, malgré le droit exclusif de vendre certaines marchandises, qui est réservé aux communautés de Paris et des autres villes, chacun a la liberté de vendre les fruits de sa terre. Ne doit-on pas regarder les ouvrages d'un auteur, qui sont le fruit de son génie, comme lui appartenant encore à plus juste titre et comme le bien dont il serait le plus convenable qu'il eût la libre disposition? » Cette question avait été, quelques années après, vivement discutée encore, mais sans être résolue, à l'occasion d'un procès intenté, en 1768, par les libraires de Paris, à Luneau de Boisjermain, auteur de nombreux ouvrages, et qui en faisait lui-même le commerce, en y joignant parfois d'autres livres. A ce propos, Linguet, Voltaire, firent entendre de vives paroles sur la liberté qui devait être laissée aux écrivains de débiter leurs ouvrages, « comme aux propriétaires de vignobles de vendre leurs vins, comme aux peintres de vendre leurs tableaux. » — On peut s'étonner aujourd'hui de l'intérêt que les auteurs attachaient alors à une faculté dont ils sont si peu tentés d'user, maintenant qu'ils la possèdent. Mais il faut considérer que, privés de cette faculté, ils étaient entièrement à la discrétion des libraires, et même des seuls libraires de Paris, qui, coalisés et puissants, avaient su faire écarter systématiquement leurs confrères de province de toute concession ou acquisition de priviléges d'auteurs [1].

[1] Les art. 75 et 76 du réglement de 1723 n'autorisaient la vente aux enchères des livres et fonds de libraires que lorsqu'elle était faite aux libraires de Paris.

C'est à la suite de ce nouvel incident, où s'était fait entendre, avec une autorité qui grandissait chaque jour, l'intérêt des auteurs en opposition à celui des libraires, que, sous le ministère de M. Necker, furent promulgués les règlements ou arrêts du conseil du 30 août 1777, demeurés, sauf quelques modifications, jusqu'à l'époque de la Révolution, le dernier mot de l'ancien régime sur la matière des priviléges, c'est-à-dire sur les droits respectifs des auteurs, des libraires et du domaine public.

Arrêts réglementaires du 30 août 1777.

Il n'est pas sans intérêt de rappeler le préambule de ces règlements :

« Le roi s'étant fait rendre compte en son conseil des mémoires respectifs de plusieurs libraires, tant de Paris que des provinces, sur la durée des priviléges et sur la propriété[1] des ouvrages; Sa Majesté a reconnu que le privilége en librairie est une *grâce fondée en justice*[1], et qui a pour objet, si elle est accordée à l'auteur de récompenser son travail, si elle est accordée au libraire de lui assurer le remboursement de ses avances et l'indemnité de ses frais; que cette différence dans les motifs qui déterminent les priviléges en doit produire une dans leur durée :

[1] C'est la première fois qu'on rencontre, je crois, dans les monuments législatifs sur la matière le nom de *propriété*, appliqué au droit des auteurs.

[1] D'Héricourt et Diderot avaient soutenu que le privilége n'était que la sauvegarde d'un droit *préexistant* dans la main de l'auteur, et que le privilége ne pouvait être refusé. Le législateur de 1777 ne veut pas aller si loin ; à ses yeux, le privilége est une *grâce* fondée en *justice*, mais une *grâce*. Cependant il vient de se servir, deux lignes plus haut, du mot de *propriété*. On aperçoit là les hésitations d'un droit qui se forme en se discutant.

que l'auteur a sans doute un droit plus assuré à une grâce plus étendue, tandis que le libraire ne peut se plaindre si la faveur qu'il obtient est proportionnée au montant de ses avances et à l'importance de son entreprise ; que la perfection de l'impression exige cependant qu'on en laisse jouir le libraire pendant la vie de l'auteur avec lequel il a traité; mais qu'accorder un plus long terme, ce serait transformer une jouissance de grâce en une propriété de droit, et perpétuer une faveur contre la teneur même du titre qui en fixe la durée; ce serait consacrer le monopole en rendant un libraire le seul arbitre à toujours du prix d'un livre, ce serait, enfin, laisser subsister la source des abus et des contrefaçons, en refusant aux imprimeurs de province un moyen légitime d'employer leurs presses. — Sa Majesté a pensé qu'un règlement qui restreindrait le droit exclusif des libraires au temps qui sera porté dans le privilége, ferait leur avantage, parce qu'une jouissance limitée, mais certaine, est préférable à une jouissance indéfinie, mais illusoire; qu'il ferait l'avantage du public qui doit en espérer que les livres tomberont à une valeur proportionnée aux facultés de ceux qui veulent se les procurer; qu'il serait favorable aux gens de lettres qui pourront, après un temps donné, faire des notes et des commentaires sur un auteur, sans que personne puisse leur contester le droit de faire réimprimer le texte ; qu'enfin, ce règlement serait d'autant plus utile, qu'il ne pourrait qu'augmenter l'activité du commerce et exciter entre tous les imprimeurs une émulation favorable au progrès et à l'amélioration de leur art. »

Suivaient les dispositions relatives à la matière des privilèges, dispositions dont nous allons essayer de préciser nettement la portée historique en les analysant dans une courte discussion.

Voici les diverses questions que trois siècles d'expérimentations et de tâtonnements donnaient à résoudre au législateur de 1777.

1° La concession d'un privilége était-elle une faveur, ou était-elle la reconnaissance d'un droit de propriété? — On sait par quelles phases et par quels débats avait passé cette question. Après avoir été d'abord une concession toute gracieuse, un encouragement, une indemnité, le privilége avait bientôt revêtu, aux yeux de ceux qui l'obtenaient, tous les caractères d'un droit. Le nom de propriété avait enfin été prononcé, sinon par tous, au moins par les intéressés. — Or, sur ce premier point, les règlements de 1777 adoptèrent la solution suivante : « Aucun livre nouveau ne peut être imprimé sans obtention de *privilége.* » — « Le privilége est une *grâce fondée en justice*, mais c'est une grâce discrétionnairement concédée. »

2° Qui avait des titres à obtenir le privilége? Etait-ce le libraire à raison de son entreprise? Ou l'auteur à raison de son travail, de sa création? — On a vu que, pendant de longues années, l'entreprise du libraire était la raison d'être du privilége. Toute querelle sur cette matière s'agitait alors entre les libraires privilégiés et les libraires non pourvus de priviléges. Le débat n'avait changé de face que vers le milieu du XVIIIe siècle; alors les auteurs étaient entrés dans la lice pour disputer aux libraires les avantages que ceux-ci détenaient habilement depuis si longtemps ; pour la première fois, ils avaient fait entendre ces paroles : « *Me, me, adsum qui feci*... C'est nous, c'est nous qui avons droit à la protection du privilége pour nos œuvres. » — Or, le législateur de 1777 ne résout pas la question. Il répond par une distinction qui manque d'exactitude. Il dit : « Si le privilége est obtenu par un libraire cessionnaire de l'auteur, il aura pour objet d'assurer au libraire le remboursement de ses avances et de ses frais ; si le privilége est obtenu par l'auteur lui-même, il aura pour objet de récompenser le travail de celui-ci. » Evidemment, cette distinction pèche en principe. Ce qui est vrai, c'est que, dans l'un comme dans l'autre cas, soit que l'auteur cède son œuvre à un libraire pour l'éditer, soit qu'il l'édite lui-même, le privilége a toujours sa raison d'être tout à la fois dans le travail de l'auteur et dans les frais de la publication. Et c'était là, en définitive, la réponse à faire aux prétentions respectives des auteurs et des éditeurs. — Cette première erreur du règlement de 1777 devait conduire à une autre erreur sur la question de durée des priviléges.

3° Quelle serait cette durée, en effet ? — On sait que, dans l'origine, les priviléges de librairie étaient en général accordés pour une durée assez restreinte, deux ans, cinq ans, quinze ans. Plus tard, à la vérité, étaient venues les continuations de priviléges, continuations combattues par les Parlements, un moment même abandonnées par le gouvernement, puis reprises, remises en vigueur, pour aboutir en dernier lieu à une distinction entre les livres anciens et les livres nouveaux, ces derniers seulement pouvant être désormais l'objet de prolongations de priviléges. — Le règlement de 1777 avait à statuer sur cette importante question ; il le fit ainsi :

« Pour les ouvrages publiés avant le règlement, le possesseur du privilége pourrait obtenir un privilége dernier et définitif.

» Pour les ouvrages nouveaux, il y aurait lieu de distinguer :

» Si le privilége est accordé à un libraire, il le sera pour un temps égal à la vie de l'auteur, et pas pour moins de dix ans. — Dans ce cas, il ne sera jamais accordé de continuation de privilége, à moins qu'il n'y ait augmentation de texte d'un quart, sans que pour cela on puisse refuser aux autres la permission d'imprimer les anciennes éditions non augmentées.

» Si le privilége est accordé à l'auteur lui-même, celui-ci en jouira pour lui et ses hoirs à perpétuité, pourvu qu'il ne le rétrocède à aucun libraire, auquel cas la durée du privilége sera réduite à la vie de l'auteur. »

Pour justifier cette distinction, le préambule du règlement dit que l'auteur a un *droit plus assuré à une grâce plus étendue*, tandis que le libraire ne peut se plaindre si la faveur qu'il obtient est proportionnée au montant de ses avances et à l'importance de son entreprise. Toujours la même erreur. Car, si le libraire est cessionnaire de l'auteur, il doit avoir tous les droits de celui-ci, et le privilége doit toujours reposer sur la double base du travail de l'auteur et des frais de l'édition.

Mais ainsi on croyait avoir trouvé le moyen de satisfaire les auteurs, sans trop sacrifier les droits du domaine public. Si d'un côté on accordait aux auteurs la perpétuité de jouissance pour eux et leurs hoirs; d'un autre côté, on restreignait la durée des priviléges, lorsqu'ils étaient accordés aux libraires ou lorsqu'ils leur étaient rétrocédés, et on déclarait expressément qu'il n'y aurait plus de continuation de priviléges.

En réalité cependant, on faisait pour les auteurs beaucoup moins qu'on ne paraissait faire. En effet, cette perpétuité qui leur était promise n'était rien moins qu'une réalité ; elle dépendait en premier lieu d'une concession arbitraire de privilége; de plus, elle devait s'évanouir et se changer en une durée limitée, si le libraire prenait lui-même le privilége ou s'en rendait cessionnaire, ce qui était un usage à peu près constant et en quelque sorte inévitable.

4o Cependant, il était une question qui était nettement résolue en faveur des auteurs par les règlements de 1777 et qui avait son importance. On a vu que les auteurs s'étaient plaints d'être dans la dépendance des libraires de la ville de Paris, soit parce qu'ils n'avaient pas le droit de débiter eux-mêmes leurs ouvrages, soit parce que les libraires parisiens excluaient leurs confrères de province des ventes publiques de fonds et de priviléges. — Sur ce point, le règlement donna pleine satisfaction aux auteurs, en décidant : « qu'ils pourraient vendre chez eux leurs livres, et qu'il y aurait deux ventes publiques annuelles pour les fonds et priviléges, et que les libraires des provinces y seraient admis. »

Tel était l'esprit des règlements de 1777. On peut dire que, sous des mots satisfaisants à l'adresse de tous les intérêts, avec des apparences savantes, avec de bonnes intentions d'ailleurs, ils n'entraient réellement pas dans le vif des questions, ne résolvaient rien ou presque rien, et réservaient à peu près toutes les obscurités de fait et de droit qui conviennent à la faiblesse ou à l'arbitraire.

V.

Depuis les arrêts du conseil de 1777 jusqu'à la loi du 19 juillet 1793.

Ces arrêts réglementaires étaient à peine promulgués qu'ils étaient l'objet d'une vive opposition, de la part des libraires de Paris, de la part de l'Université, de la part des auteurs eux-mêmes.

Linguet rentrait dans la discussion avec l'acrimonie qui lui était ordinaire. Il critiquait la disposition qui assignait une durée différente au privilége, selon qu'il restait aux mains de l'auteur ou qu'il passait à celles d'un libraire, et en cela il avait raison. Mais il voulait y voir l'influence

Critiques de Linguet

de certains hommes de lettres, passés maîtres en l'art de rançonner les libraires : il attaquait, selon son habitude, cette secte cabalante, intrigante, écrivante de l'encyclopédisme qui affectait, dit-il, de délaisser, de trahir la noble cause de la propriété des auteurs, trouvant plus facile de séduire la maîtresse ou les valets d'un ministre que de persuader au public d'acheter leurs livres. Puis, en habile avocat des libraires privilégiés, il disait : « le droit des auteurs est une propriété perpétuelle, mais aussi bien dans les mains du libraire cessionnaire que dans celles de l'auteur lui-même ; les droits du cessionnaire ne peuvent pas être plus étendus que ceux du propriétaire primitif, mais ils ne peuvent pas être plus restreints. »

Une année ne s'était pas écoulée, et déjà, le 30 juillet 1778, un nouvel arrêt du conseil venait, dans une certaine mesure, faire droit à ces réclamations et modifier d'une manière assez notable ceux du 30 août 1777. — Ainsi pour les priviléges demandés par les libraires et imprimeurs, « ils pourraient à l'avenir être accordés pour tout le temps que le chancelier ou le garde des sceaux jugerait utile, suivant le mérite ou l'importance de l'ouvrage. » — C'était, presque le retour à la perpétuité facultative des priviléges en faveur des libraires. — Le même arrêt du 30 juillet 1778 donnait, par compensation, aux auteurs qui obtiendraient le privilége en leur nom, cette satisfaction nouvelle « qu'ils pourraient traiter tant qu'ils voudraient avec un libraire de l'impression ou de la réimpression de leur ouvrage, sans que ces traités pussent être réputés *cession de privilége.* »

Six mois après, au commencement de 1779, le Parlement de Paris se saisissait de l'examen et de la critique des mêmes arrêts du 30 août 1777 à l'occasion d'un procès porté devant lui. Une veuve Desains, libraire, ayant traité, avant ces arrêts, de la propriété d'un ouvrage, prétendit que la législation nouvelle la dépouillait de la perpétuité de jouissance, et demanda contre l'auteur la résiliation de son contrat. Le Parlement jugea que les arrêts de 1777 n'avaient pas d'effet rétroactif et maintint le traité. — Mais à ce propos, le conseiller d'Espremenil se rendant, lui aussi, l'organe passionné des libraires privilégiés, se plaint devant les chambres assemblées de ce que « l'amour des nouveautés et les erreurs du pouvoir » menacent les maximes les mieux établies ; qu'il est de » principe incontesté que les auteurs sont propriétaires » des ouvrages qu'ils ont créés et les libraires de ceux » qu'ils ont acquis ; il soutient que les règlements de » 1777 ont méconnu des droits inviolables et sacrés ; il » dit que les libraires, au lieu de s'adresser au garde des » sceaux et au roi, eussent dû s'adresser au Parlement ; » il demande qu'il en soit délibéré. » La Cour, en effet, par arrêt du 23 avril 1779, ordonne que les règlements et autres pièces seront remis aux gens du roi, pour lui en rendre compte.

Compte-rendu de l'avocat général Séguier sur les règlements de 1777.

Ce compte fut rendu le 31 août de la même année par l'avocat général Antoine Séguier.

Le travail de ce magistrat se ressent de la singulière position prise par le Parlement qui, après avoir longtemps lutté contre les continuations de priviléges, inclinait maintenant à critiquer les arrêts du conseil rendus pour limiter la durée des priviléges dans la main des libraires. Ainsi, l'avocat général Séguier reconnaît que ces arrêts consacrent pour la première fois, expressément, la perpétuité des priviléges accordés aux auteurs, et cependant il répète le reproche injuste qui leur est adressé, de méconnaître un droit de propriété implicitement reconnu jusque là. Il dit, en faveur des libraires, que depuis le milieu du siècle précédent ils sont en possession d'obtenir, comme propriétaires, des renouvellements indéfinis de priviléges, et d'un autre côté, il reconnaît qu'il y a de graves raisons pour que le roi ait la faculté d'accorder ou de refuser ces renouvellements. Il finit par se demander, s'il ne serait pas possible de créer un établissement national, qui achèterait les manuscrits des auteurs et traiterait ensuite avec les libraires pour leur publication. — Il faut bien le dire, le rapport de l'avocat général Séguier, remarquable dans sa partie historique, complet dans son analyse des règlements de 1777, accuse de la part de son auteur un extrême embarras lorsqu'il s'agit de poser les principes de la matière ; sa conclusion en est la preuve la plus éclatante.

La délibération fut renvoyée après les vacances, mais, de remise en remise, n'eut lieu que le 25 juillet 1780. Il fut décidé qu'il serait fait de très humbles remontrances au roi ; on nomma, pour rédiger ces remontrances, une commission qui ne fit jamais son rapport, et le Parlement fut ainsi tiré de la peine où il eût été certainement de mettre ses remontrances d'aujourd'hui d'accord avec sa jurisprudence d'autrefois.

Cependant, le gouvernement qui avait déjà modifié les arrêts du 30 août 1777 par celui du 30 juillet 1778, comme nous l'avons vu, apporta encore à ces arrêts une nouvelle modification, ou plutôt lui donna une interprétation qui ne manquait pas de portée. — A l'occasion d'un privilége précédemment accordé à un auteur pour un recueil périodique de chansons, le conseil du roi, par arrêt du 12 août 1785, posa le principe « que les journaux, gazettes, almanachs, et tous autres ouvrages du genre périodique, ne pourraient être censés compris dans les règlements de 1777 et 1778, en ce qui concerne la durée perpétuelle des priviléges, et fixa désormais à dix ans la durée de tous priviléges accordés pour les ouvrages de ce genre. »

On voit qu'en promettant des priviléges perpétuels aux auteurs, le législateur de 1777 ne s'était pas cru bien sérieusement engagé.

Tel était donc l'état de la législation, lorsque éclata la Révolution de 1789.

1789. L'esprit de la Révolution se manifesta tout d'abord par les décrets du mois d'août 1789, qui proclamèrent la liberté de l'industrie, la liberté de la presse, l'abolition des jurandes, des priviléges, immunités, etc.

Il était impossible que, dans cette grande rénovation

sociale, et dans la confusion qui dut suivre d'abord l'avènement de tant de principes nouveaux, les *priviléges* littéraires n'eussent pas quelque chose à souffrir du désordre général et en particulier de la dénomination suspecte sous laquelle ils se présentaient.

Cependant, il faut le dire, si, dans la pratique, bien des atteintes durent être portées alors aux droits acquis en cette matière, il est certain cependant que le gouvernement continua, autant qu'il était en lui, d'exécuter les règlements existants, et notamment d'octroyer des priviléges. Les registres des communautés de libraires déposés aux manuscrits de la bibliothèque impériale en font foi, et attestent que, jusque vers le mois de juillet 1790, des concessions de priviléges eurent encore lieu.

Que se passa-t-il depuis le mois de juillet 1790, jusqu'au jour où intervint une loi spéciale et nouvelle, celle du 19 juillet 1793? On ne saurait le dire exactement; on peut cependant le conjecturer. A défaut de priviléges concédés et en attendant une révision législative de la matière, les principes jusque-là suivis auront continué de garder leur empire sur la partie saine des imprimeurs et des libraires. A côté de ceux-ci, il y aura eu les flibustiers de la presse et de la littérature, qui auront abusé de l'interrègne des lois pour se jeter en pirates sur une propriété mal définie et mal gardée. Nous avons dû chercher des faits de jurisprudence ou autres, pouvant éclairer, d'une manière précise, l'historique de ces deux ou trois années au point de vue qui nous occupe, nous n'avons trouvé que les faits suivants, qui, sans donner une lumière complète, confirment cependant nos conjectures.

Le 24 août 1790, un certain nombre d'auteurs dramatiques, ayant Laharpe pour organe, présentèrent une pétition à l'Assemblée constituante pour obtenir une réglementation plus libérale de leurs droits. Ils demandaient notamment que les droits respectifs des auteurs et des comédiens fussent réglés par la municipalité; que les pièces de théâtre ne fussent pas réputées, après un certain nombre de représentations, la propriété des comédiens; que les auteurs vivants en restassent propriétaires, et enfin que, cinq ans après la mort des auteurs, tous les théâtres pussent représenter les pièces sans rétribution aucune. — Comme on le voit, les auteurs dramatiques n'élevaient de réclamations qu'au sujet de leur droit de représentation; ils ne parlaient pas du droit d'impression, ce qu'ils n'eussent pas manqué de faire, si ce droit eût été sans protection. — Lechapelier fit, sur cette pétition, un rapport qui est resté célèbre. Il ne manifesta non plus aucune inquiétude sur le droit exclusif d'impression appartenant aux auteurs; il en parla, au contraire, comme d'un droit hors de contestation, comme d'un droit dérivant de la propriété la plus sacrée, celle de la pensée : il exprima seulement le désir qu'on fît passer dans la loi ce qui se pratiquait à cet égard en Angleterre, et ce qui s'était pratiqué en France sous la forme vicieuse des priviléges..... Puis, revenant à la question des théâtres, il fit adopter un décret (daté du 13 janvier 1791), qui, en proclamant la liberté des théâtres, sous l'inspection des municipalités, accordait aux auteurs dramatiques le droit exclusif de représentation théâtrale pendant toute leur vie et cinq ans après leur mort [1].

Un autre décret du 30 août 1792, qui avait pour objet de compléter celui de 1791, relativement aux représentations théâtrales, reconnaît plus explicitement encore le droit exclusif des auteurs à l'impression de leurs ouvrages. On y lit, en effet, ce qui suit : « Considérant que le droit de faire *imprimer* et le droit de faire représenter qui appartiennent incontestablement aux auteurs des pièces dramatiques, n'ont pas été suffisamment distingués ;.... Considérant que les ouvrages dramatiques doivent être protégés par la loi *de la même manière que toutes les autres productions de l'esprit*, mais avec des modifications dictées par la nature du sujet ;.... Les auteurs seront tenus, en *vendant leurs pièces aux imprimeurs*, de stipuler formellement la réserve qu'ils entendront faire de leurs droits de faire représenter les dites pièces ;.... cette réserve n'aura d'effet que pour dix ans ; au bout de ce temps, toutes

[1] Voici les paroles de Lechapelier : « La plus sacrée, la plus intime de toutes les propriétés est celle des écrivains sur leurs œuvres..... Il faut que, pendant toute leur vie et quelques années après leur mort, personne ne puisse disposer du produit de leur génie... Après le délai fixé, la propriété du public commence..... Voilà ce qui s'opère en Angleterre pour les auteurs et le public par des actes que l'on nomme tutélaires, ce qui se faisait autrefois en France par les priviléges que le roi accordait, et ce qui sera dorénavant fixé par une loi, moyen beaucoup plus sage et le seul qu'il convienne d'employer. Les auteurs dramatiques demandent à être les *premiers* l'objet de cette loi. »

pièces gravées ou non gravées seront librement jouées par tous les spectacles. »

Il est clair, d'après ce texte, que le législateur de 1792 supposait, de la part des auteurs, un droit exclusif à l'impression de leurs œuvres, droit plus étendu même que le droit à la représentation théâtrale.

Or, quel était ce droit d'impression? Ce droit ne pouvait résulter que des anciens principes virtuellement conservés et appliqués.

Cependant, l'absence d'une loi expresse, en harmonie avec les principes nouveaux, devait évidemment se faire sentir, et, malgré les déclarations rassurantes du législateur de 1791 et de 1792, le mal devait être grand, puisque le 19 juillet 1793, au milieu des plus graves circonstances politiques, où jamais nation ait pu se trouver, la Convention trouva un moment pour s'occuper des souffrances des auteurs et pour décréter une loi qui allait enfin donner à la propriété littéraire une sanction incontestée.

Loi du 19 juillet 1793.

On ignore sur quel incident, sur quelle provocation, la Convention se saisit de cet intérêt. Ce qu'il y a de certain, c'est que le 19 juillet 1793, sur le rapport plus que succinct du représentant Lakanal, parlant au nom du comité de l'instruction publique, la Convention porta la loi qui régit encore aujourd'hui, sauf quelques modifications, la propriété des ouvrages de littérature, de musique, de peinture et de dessin.

Le rapport de Lakanal ne donne ni l'historique, ni la théorie du droit qu'il s'agit de fixer. Il se borne à dire, dans une brève déclamation, que la Révolution a fait cesser la piraterie littéraire, ce qui était loin d'être vrai, et qu'elle a apporté aux auteurs la consécration de leur propriété, ce qui allait être, en effet, une vérité.

La loi du 19 juillet 1793 fut votée sans discussion. En très peu de mots et dans une rédaction assez incorrecte, elle résolut pourtant, avec quelque netteté, les diverses questions qui avaient, pendant plusieurs siècles, divisé les pouvoirs, les juridictions, les esprits. Il serait peut-être plus exact de dire, que c'était le temps qui avait résolu ces questions.

Quoi qu'il en soit, il fut décrété : 1° que les auteurs d'écrits ou de productions appartenant aux arts auraient, pendant leur vie, le droit exclusif de vendre, faire vendre et distribuer leurs ouvrages ; 2° que le même droit appartiendrait à leurs héritiers ou cessionnaires pendant dix ans[1] ; 3° que les auteurs d'écrits ou de gravures seraient obligés de déposer deux exemplaires de leur ouvrage à

[1] La Commission avait proposé le chiffre de cinq années au profit des *héritiers* ou *cessionnaires*. Après le vote de la loi qui portait ce chiffre dans son article 2, Lecointe proposa un amendement à l'effet d'accorder aux *héritiers* dix ans au lieu de cinq. Cet amendement fut adopté et forma un article additionnel et final, l'art. 7. Mais au lieu de remanier l'art. 2, on se contenta d'y remplacer le mot cinq par le mot dix, sans s'apercevoir qu'on étendait ainsi aux cessionnaires un avantage que l'amendement Lecointe n'avait en réalité réservé qu'aux héritiers. — Aussi ne comprend-on pas d'abord le double emploi formé par l'art. 2 et par l'art. 7.

peine de ne pouvoir être admis en justice à poursuivre les contrefacteurs[1] ; 4° enfin, la loi édictait des peines pécuniaires contre le délit de contrefaçon.

Deux principes considérables ressortaient de ces prescriptions.

Quant à la nature du droit, ce n'était plus un *privilége* arbitrairement concédé par l'administration, soit au libraire, soit à l'auteur, selon le hasard ou le caprice ; ce n'était même plus la *grâce fondée en justice* comme on disait en 1777 ; le droit résultait désormais de la loi même, reposait exclusivement sur le travail de l'auteur, n'appartenait plus qu'à celui-ci ou à ses ayants cause et était une *propriété*.

Quant à la durée du droit, elle était temporaire et fixe, sans distinction entre le cas où la propriété resterait entre les mains de l'auteur ou de ses héritiers et celui où elle serait rétrocédée à un libraire. Plus de priviléges perpétuels au profit des auteurs, mais plus d'obligation pour eux d'obtenir des priviléges, et liberté de céder leurs droits à un libraire, sans que cette cession entraînât une mutilation des mêmes droits.

Telle est la loi du 19 juillet 1793, loi qui va régir désormais en France la propriété des auteurs et des artis-

[1] Le projet de loi n'exigeait point ce dépôt. C'est sur un amendement improvisé de Sergent que cette disposition fut votée et devint l'art. 6 de la loi.

tes, qui sera critiquée sans doute, qui est loin d'être complète, et qui a besoin d'être perfectionnée, mais qui traversera une période de 70 années, au milieu d'une activité incomparable imprimée à toutes les productions de l'esprit, sans subir d'autre modification que l'addition de quelques années à la durée qu'elle avait elle-même assignée à la propriété exclusive de l'auteur et de ses ayants cause.

VI.

Depuis la loi du 19 juillet 1793 jusqu'à ce jour.

Il n'est pas mal aisé de prévoir que la loi de 1793, en proclamant le droit de propriété des auteurs, éveillera en eux le désir naturel d'exercer ce droit dans sa plénitude, et qu'ils ne tarderont pas à se trouver à l'étroit dans les limites que la législation a cru devoir poser à la durée de leur jouissance privative.

Ils invoqueront le caractère particulièrement respectable d'un droit qui a son principe dans les plus nobles travaux de l'homme. Ils se prévaudront des conditions générales et essentielles de la *propriété*. Ils rappelleront les règlements de 1777 qui, bien que rendus sous le régime du bon plaisir, accordaient aux auteurs, ou tout au moins leur promettaient des priviléges perpétuels.

On verra, en effet, dès le lendemain de la loi de 1793 jusqu'à ces derniers temps, aujourd'hui encore, l'intérêt des auteurs peser sans relâche sur le législateur et en obtenir, à plusieurs reprises, des accroissements assez notables à l'étendue de leurs droits.

Décret du 5 février 1810.

En 1810, cet intérêt obtient une première satisfaction par le décret du 5 février, qui porte à vingt années, au lieu de dix, le temps pendant lequel les enfants de l'auteur conserveront après sa mort la propriété de ses œuvres. Voici à quelle occasion et dans quelles circonstances fut rendu ce décret.

On s'occupait de réglementer à nouveau la police de la librairie ; c'était le moment d'examiner les réclamations des auteurs. Le ministre de l'intérieur et celui de la police rédigèrent chacun un projet. L'un proposait d'égaler la durée de la propriété à la vie de l'auteur, à celle de sa veuve et à celle de ses enfants ; l'autre à la vie de l'auteur ou de son cessionnaire, à la vie des enfants de l'un ou de l'autre, et à défaut d'enfants, à la vie de la veuve de l'auteur ou de son cessionnaire.

Opinion de Napoléon Ier.

Les projets ayant été portés au conseil d'Etat présidé par l'Empereur, cette question de la durée du droit de propriété fut agitée, on discuta la perpétuité. Napoléon, après avoir tout entendu, se prononça et dit [1] : « Que la » perpétuité de la propriété dans la famille des auteurs » aurait des inconvénients. Une propriété littéraire est une » propriété incorporelle qui, se trouvant dans la suite » des temps et par le cours des successions divisée en

[1] *Législation de Locré*, t. IX, 1827.

» une multitude d'individus, finirait, en quelque sorte, par
» ne plus exister pour personne ; car, comment un grand
» nombre de propriétaires, souvent éloignés les uns des
» autres et qui, après quelques générations, se connais-
» sent à peine, pourraient-ils s'entendre et contribuer
» pour réimprimer l'ouvrage de leur auteur commun?
» Cependant, s'ils n'y parviennent pas, et qu'eux seuls
» aient le droit de le publier, les meilleurs livres dispa-
» raîtront insensiblement de la circulation.

» Il y aurait un autre inconvénient non moins grave;
» le progrès des lumières serait arrêté, puisqu'il ne serait
» plus permis, ni de commenter, ni d'annoter les ouvra-
» ges ; les gloses, les notes, les commentaires ne pouvant
» être séparés d'un texte qu'on n'aurait pas la liberté
» d'imprimer.

» D'ailleurs, un ouvrage a produit à l'auteur et à ses
» héritiers tout le bénéfice qu'ils peuvent naturellement
» en attendre, lorsque le premier a eu le droit exclusif de
» le vendre pendant toute sa vie, et les autres pendant
» les dix ans qui suivent sa mort.

» Cependant, si l'on veut favoriser davantage encore
» la veuve et les héritiers, qu'on porte leur propriété à
» vingt ans. »

Cette observation termina la discussion, et les articles 39 et 40 du décret furent ainsi rédigés : « art. 39. Le droit de propriété est garanti à l'auteur et à sa veuve pendant leur vie, si les conventions matrimoniales de celle-ci lui en donnent le droit, et à leurs enfants pendant vingt ans : art. 40. Les auteurs, soit nationaux, soit étrangers, de tout ouvrage imprimé ou gravé, peuvent céder leur droit à un imprimeur ou libraire, ou à toute autre personne qui est alors substituée en leur lieu et place, pour eux et pour leurs ayants cause, comme il est dit à l'article précédent. »

Peu de jours après, le 19 février 1810, le Code pénal apportait encore sa part de protection aux auteurs et édictait les peines qui devraient être prononcées contre les contrefacteurs, c'est-à-dire contre ceux qui porteraient atteinte, disaient les rapporteurs Fauré et Louvet, « à ces » *propriétés légitimes*, d'autant plus chères à l'homme » qu'elles lui appartiennent plus immédiatement, et » qu'elles servent à l'utilité, à l'instruction, au charme, » à l'ornement et à la gloire d'une nation. »

Un intérêt si grand et d'un ordre si élevé, l'influence croissante des écrivains, les immenses développements de l'instruction générale, de l'art et de l'industrie, plus tard enfin les libres discussions du gouvernement représentatif, devaient ramener plus d'une fois l'attention publique sur la nécessité de soumettre à un débat approfondi ces importantes questions, et d'élever définitivement un monument législatif à cette propriété moderne des auteurs et des artistes. En effet, chaque gouvernement nouveau en fut sollicité et tenté.

La Restauration l'essaya. En 1823[1], elle confia l'étude de la question à une commission composée des hommes les plus distingués dans les lettres et dans la politique, parmi lesquels on remarque les noms illustres de Lally-Tollendal, Lainé, Portalis, Royer-Collard, Vatimesnil, Villemain, Andrieux, Picard, Alexandre-Duval, Michaud, Cuvier, Lemercier, Auger, Etienne, etc. Cette commission termina son travail le 7 mai 1826, et proposa un projet de loi en quinze articles, dont la principale disposition consistait à étendre à *cinquante années*, après la mort de l'auteur, le droit exclusif de ses héritiers ou ayants cause, à la charge de réimpression dans les vingt ans à dater du décès.

Commission de 1823-1826.

MM. Auger et Lemercier avaient soutenu, dit-on, dans cette commission le système de la propriété absolue; mais la majorité de la commission l'avait repoussé, et M. Villemain dans son rapport au roi l'avait combattu. Ce projet n'eut pas d'autre suite. D'autres intérêts le firent oublier ou ajourner.

Commission de 1836.

Le gouvernement de Louis-Philippe s'occupa à son tour de cette question.

En 1836 en effet, une commission administrative fut constituée sous la présidence de M. Philippe de Ségur, dont les travaux aboutirent à un projet que M. de Salvandy, alors ministre de l'instruction publique, présenta à la Chambre des Pairs le 5 janvier 1839, et qui, adopté par

Projet de loi présenté à la Chambre des Pairs en 1839.

[1] Ordonnance du 13 décembre 1823.

cette chambre après de longs débats, ne fut porté à l'autre chambre que deux années après. Cependant les principes de la matière avaient été remarquablement discutés et en définitive bien posés. L'exposé des motifs de M. de Salvandy [1], sagement pensé, brillamment écrit, restera comme un des meilleurs documents à consulter dans la question. A côté d'une sympathie non suspecte pour l'intérêt des auteurs, se trouve, dans le travail de M. de Salvandy, l'intelligence des nécessités pratiques de la matière. Après avoir exposé les raisons qui militeraient pour la perpétuité d'une propriété qu'il appelle, comme d'autres avant lui, la plus intime, la plus sacrée de toutes, il montra les différences qui séparent cette propriété de la propriété ordinaire, les difficultés et les périls attachés à la perpétuité de cette propriété. Il fait connaître que, dans la commission formée pour l'étude de la question, on a épuisé toutes les combinaisons qui étaient de nature à permettre de consacrer le principe de la perpétuité ; on a proposé la perpétuité pure et simple ; on a proposé un système de redevance proportionnelle à payer, après le décès de l'auteur, à ses héritiers et ayants cause ; il a fallu abandonner tous ces systèmes et se ranger en définitive à ce principe : que la propriété littéraire est bien une propriété, mais une propriété dont *l'étendue a ses limites dans la possibilité et dans l'intérêt public*. Et il conclut en définitive à porter à trente années après la mort de l'auteur la durée du droit

Exposé des motifs de M. de Salvandy.

[1] V. le *Moniteur* de 1839, p. 24.

de propriété [1]. Il fait remarquer que ce système de la propriété temporaire est celui qui est admis par toutes les législations étrangères, en Belgique, comme en Angleterre, comme en Allemagne, comme en Russie.

La Chambre des Pairs ayant renvoyé l'examen de ce projet de loi à une commission prise dans son sein, M. le vicomte Siméon présenta le rapport dans la séance du 20 mai 1839 [2]. Ce rapport reproduit les principes développés dans l'exposé des motifs et propose l'adoption du projet. Une modification qui a sa portée est cependant proposée : c'est de changer le *titre* de la loi et de substituer à celui de *Loi sur la propriété littéraire*, celui de : *Loi relative aux droits des auteurs sur leurs productions dans les lettres et dans les arts.*

Rapport de M. le vicomte Siméon.

Proposition de changer le titre de la loi.

L'importance de cette modification ne devait pas échapper aux esprits élevés, soigneux des principes et soucieux de leurs conséquences. Aussi M. Portalis, dans la discussion [3], s'éleva-t-il contre le changement proposé, et demanda-t-il en termes graves et éloquents le maintien du mot caractéristique de *propriété*. Le droit des auteurs, disait-il, pour être sujet à certaines conditions restrictives et notamment pour être temporaire, n'en est pas moins une propriété véritable dont il importe de garder le nom. M. Portalis confessait qu'il avait incliné, dans la commission, sinon pour la perpétuité de la propriété littéraire,

Opinion de M. le comte Portalis.

[1] La Commission administrative avait proposé cinquante ans.

[2] *Moniteur*, 1839, p. 747.

[3] *Moniteur*, 1839, p. 774.

du moins pour une redevance perpétuelle à payer aux familles par les éditeurs ; mais il reconnaissait en même temps la difficulté extrême d'organiser ce système, et il finissait en proposant le délai de 50 ans après la mort de l'auteur au lieu de celui de 30 ans porté au projet. M. de Ségur réclama, comme M. Portalis, la réintégration du mot de *propriété* dans le titre de la Loi, et fit valoir, entr'autres motifs, celui-ci, que l'abandon du nom était l'abandon du principe et qu'il fallait se garder de désarmer en présence des envahissements de la contrefaçon étrangère [1].

La Chambre ne voulut pas voter sur le changement de titre, par la raison qu'un tel vote était contraire aux usages ; mais la commission de la Chambre et le gouvernement consentirent à ce que la loi fût intitulée, comme l'avaient demandé MM. Portalis et de Ségur : *Loi relative à la propriété des auteurs.*

Opinions de MM. Villemain, Félix Faure, Girod de l'Ain, de Broglie.

Quant à la durée de la propriété, M. Villemain proposa, comme M. Portalis, cinquante ans après la mort de l'auteur. M. Félix Faure [2], M. Girod de l'Ain, M. de Siméon [3], M. de Broglie [4], soutinrent le chiffre de trente ans indiqué au projet, et développèrent unanimement cette thèse que la propriété des auteurs diffère essentiellement de la propriété ordinaire ; qu'elle se ramène en grande

[1] *Moniteur*, 1839, p. 824. Voir
[2] *Idem*, 1839, p. 774.
[3] *Idem*, 1839, p. 794.
[4] *Idem*, 1839, p. 795.

partie à un droit spécial retenu par l'auteur lorsqu'il vend des exemplaires de son œuvre, droit qui consiste à reproduire seul cette même œuvre et à en débiter seul les reproductions; que ce droit, d'origine et de nature purement civiles, ne peut se continuer trop longtemps sans porter atteinte au droit naturel qui appartient à chacun de faire de la chose qui lui a été vendue l'usage le plus absolu, et à tous de puiser, en toute liberté, au réservoir commun des pensées humaines.

Opinion de M. de Gay-Lussac.

Le savant M. de Gay-Lussac prit aussi la parole, mais pour se plaindre du dédain avec lequel on parlait des inventions industrielles, lorsque les Lettres et les Arts étaient l'objet d'un intérêt si marqué. Il demanda pourquoi un brevet de quelques années suffisait à rémunérer un inventeur de génie, tandis qu'on réclamait, pour l'écrivain ou l'artiste le plus médiocre, une propriété perpétuelle ou quasi perpétuelle de leurs œuvres. Il rappela que l'Angleterre, en 1710, avait accordé à tous, industriels ou littérateurs, sans distinction, une protection ou jouissance exclusive de quelques années. Il conclut à ce que la loi des brevets fût révisée, ou que la durée de la propriété littéraire continuât d'être régie par le décret de février 1810.

Adoption du terme de 30 ans par la Chambre des Pairs.

En définitive, le projet de loi fut voté par la chambre des Pairs le 31 mai 1839 à la majorité de 78 voix contre 31, et le terme de trente ans après la mort de l'auteur fut adopté [1].

[1] *Moniteur*, 1839, p. 831.

Présentation du projet à la Chambre des députés en 1841.

Ce projet devait être porté de la Chambre des Pairs à la Chambre des Députés. Il ne le fut que deux ans après, le 18 janvier 1841, par M. Villemain devenu, dans l'intervalle, ministre de l'instruction publique [1].

Exposé des motifs de M. Villemain.

L'exposé des motifs, s'expliquant sur la question de principe, se bornait à déclarer brièvement : « Que la *propriété littéraire* n'existe qu'en se communiquant, et que dans cette communication elle s'aliène en partie ; que dès lors elle n'a pas de forme absolue et ne peut être garantie que dans les limites établies par la loi civile; qu'il était généralement reconnu que la propriété littéraire ne pouvait être perpétuelle; qu'une redevance à perpétuité était également impossible ; que dès-lors une propriété limitée dans sa durée est seule praticable. » Et le projet maintenait la limite de 30 ans après la mort de l'auteur, limite adoptée déjà par la Chambre des Pairs.

La commission de la Chambre des Députés, chargée de l'examen du projet, choisit M. de Lamartine pour son rapporteur.

Opinion de M. de Lamartine

L'illustre poète établit en substance [2] : « Que la société, en constituant toute propriété, a trois objets en vue : rémunérer le travail, perpétuer la famille, accroître la richesse publique... Le jour devait arriver où l'œuvre de l'intelligence serait reconnue un travail utile et les fruits de ce travail une propriété ; la propriété des œuvres d'intelligence,

[1] *Moniteur*, 1841.
[2] *Moniteur*, 1841, p. 634.

entre les mains des écrivains et de leur famille, est à la fois juste, utile et possible. Elle est juste, car la veuve et les enfants de l'écrivain ne peuvent mendier à côté des fortunes enfantées par le travail ingrat du père de famille. Elle est utile, car le travail de l'esprit est celui qui a le plus d'action sur les destinées du genre humain; toute civilisation est fille d'un livre, Bible, Védas, Confutzée, Evangile. Enfin, cette propriété est possible; car elle existe, se vend, s'achète, se défend comme les autres propriétés.... Constituerons-nous cette propriété à perpétuité ou pour un temps seulement? Comme philosophes, nous aurions été amenés peut-être à proclamer théoriquement la perpétuité de possession des fruits de ce travail; comme législateurs, notre mission était autre. Le législateur proclame rarement des principes absolus, surtout quand ce sont des vérités nouvelles... Les idées sur la propriété littéraire ne sont pas assez faites, sa constitution n'est pas assez universellement européenne et internationale... Nous n'avons mis aucune limite à ses droits; nous lui avons mis une borne dans le temps. Le jour où le législateur, éclairé par l'épreuve qu'elle va faire d'elle-même, jugera qu'elle peut entrer dans un exercice plus étendu de ses droits naturels, il n'aura qu'à ôter cette borne. — Discutant ensuite les deux chiffres de trente et de cinquante ans, le rapport se prononce pour le dernier : « L'unité morale de l'écrivain, dit-il, se compose de trois êtres : l'auteur lui-même, sa femme et ses enfants; c'est pour ainsi dire un seul être...; or, le terme de cinquante ans embrasse, dans la moyenne probable des éventualités de la vie et de la mort, le cercle entier de ces trois existences... D'ailleurs la longue durée du droit privatif ne porte pas de préjudice au public; si le livre est bon, il sera publié à un nombre toujours croissant d'exemplaires; dès lors, la rétribution de l'auteur sera relativement imperceptible, et n'en gênera en rien la circulation... » — M. de Lamartine reprenant la parole dans le cours de la discussion disait[1] : « Le travail est le premier titre de toute propriété; si nous n'accordons pas ici une propriété complète, donnons au moins une durée suffisante... Consacrons dignement le principe... Si l'étranger ne veut pas nous suivre dans la voie des longues durées, si c'est un obstacle à obtenir de lui des réciprocités, sachons nous en passer, comme nous avons fait pour le droit d'aubaine et pour la traite des noirs. » Enfin, il ajoute « qu'il ne parle point ici dans sa propre cause; que du côté de la gloire il est désintéressé par la médiocrité de ses œuvres, que du côté de l'avenir il l'est par sa solitude ici-bas; il n'a pas d'enfants. Mais sa gloire et sa fortune seraient d'obtenir de son pays, pour ses maîtres, ses émules et ses amis, le bénéfice de cette loi généreuse et juste. »

Le chiffre de 50 ans, proposé par la commission et soutenu par M. de Lamartine, fut peu appuyé; il eut pour adversaires ceux qui se rangeaient au chiffre de trente ans adopté par la Chambre des Pairs, et ceux qui voulaient

[1] *Moniteur*, 1841, p. 728.

maintenir le chiffre de vingt années, écrit par la main de Napoléon Ier, dans le décret du 10 février 1810.

MM. Renouard et Berville se distinguèrent surtout parmi les contradicteurs de M. de Lamartine.

Opinion de M. Berville.

Suivant M. Berville, « la dénomination de propriété donnée au droit des auteurs n'est qu'une *parole obligeante*, mais qui n'est pas juste et qui conduit à l'exagération du droit. — Publicité et propriété se repoussent ; la propriété est une individualité, un corps certain. — Consultez le langage universel ; presque partout, on dit : *Droit de copie* ; presque nulle part, *propriété littéraire*. — Si vous dites *propriété*, alors il faut perpétuité, il faut aussi faculté de détruire, *jus abutendi*, ce qui n'est pas possible. — La perpétuité est inutile, injuste, nuisible. Elle est inutile, car la plupart des livres, même des meilleurs, meurent ou du moins ne se réimpriment plus au bout de quelques années. Les plus belles œuvres de science (Fourcroy, Thénard, Merlin) sont dans ce cas ; quelques œuvres d'imagination, il est vrai, ont le rare privilége d'être toujours rééditées ; mais encore cela n'est-il vrai que pour les fondateurs d'une littérature, pour ces quelques génies heureux qu'adopte une nation et qui naissent à point pour l'immortalité. Or, à vrai dire, la perpétuité cesse d'être une justice, lorsqu'elle ne profite qu'à ceux-là qui en doivent le bénéfice aux circonstances autant qu'à leur génie. Lors donc qu'elle n'est pas inutile, elle devient injuste. Enfin, la perpétuité serait nuisible, nuisible aux auteurs eux-mêmes comme au public ; car, avec la cherté des bons livres, le goût littéraire serait moins répandu et moins vif, et les auteurs seraient en général moins appréciés, moins puissants, moins riches. — Ce qui est vrai de la perpétuité l'est aussi, bien qu'à un moindre degré, d'une trop longue durée. On propose cinquante ans après la mort de l'auteur; c'est trop. Supposez un livre écrit par Fontenelle à 19 ans ; ce livre, quel qu'il fût, aurait été protégé pendant 130 ans, tandis qu'un Fulton, un Jacquard, un Gutenberg devrait se contenter d'une protection de cinq ans, de quinze ans au plus, pour des découvertes qui changent les destinées de l'humanité. — Les protections de longue durée sont un obstacle à la destruction de la contrefaçon, comme à l'établissement d'un droit international en cette matière; or, le véritable intérêt des auteurs est dans ce double résultat à obtenir. »

Opinion de M. Renouard.

M. Renouard, parlant dans le même sens[1], « repousse le nom de *propriété*. » La confusion dans les mots, dit-il, amène la confusion dans les idées. Ce qui donne naissance à la propriété véritable, ce n'est pas seulement le travail, c'est aussi la détention des choses matérielles qui, étant bornées, doivent être appropriées à certains individus et qui se transmettent de père en fils parce qu'il faut un détenteur spécial à chaque objet matériel. Mais la reproduction de la pensée n'est pas propriété, parce qu'elle n'est pas de sa nature une chose dont l'intérêt social réclame la concentration dans la main d'un propriétaire exclusif. Kant a

[1] *Moniteur*, 1841, p. 716 et 728, ou suiv.

dit : *Un livre est la prestation d'un service envers la société*. Cela est vrai. Ce qui est dû à l'auteur, c'est une juste rémunération, conforme aux intérêts et aux droits respectifs de l'auteur lui-même et de la société. C'est donc une question de justice et d'utilité à régler par la loi civile. — Or, si l'auteur a son intérêt et son droit, la société a aussi les siens. L'intérêt de la société, c'est que l'œuvre ne puisse être détruite et qu'elle soit livrée au public au meilleur marché possible ; son droit procède de ce double fait qu'elle donne la gloire et le nom en retour du service rendu, et qu'elle donne surtout le fond des idées primitives. Sans la Bible et Homère, sans Racine et Châteaubriand, aurions-nous M. de Lamartine, s'écriait M. Renouard. — Par ces raisons, le droit de l'auteur ne doit être que temporaire. C'est, d'ailleurs, la loi commune du monde civilisé en France comme en Allemagne, comme en Angleterre, en Russie, en Espagne, en Amérique. Que s'il a été fait des tentatives contraires chez nous en 1777, chez les Hollandais de 1796 à 1811 et de 1814 à 1817, ces essais n'ont été que de très courte durée. — M. Renouard adopte le chiffre de trente ans après la mort de l'auteur ; la loi prussienne du 11 juin 1837 est la seule qui accorde une aussi longue durée. Donner davantage, ce serait léser les intérêts de la société, ce serait augmenter les difficultés internationales, aggraver le mal des contrefaçons et nuire ainsi aux auteurs eux-mêmes ; ce serait, non pas émanciper l'intelligence, comme on l'a dit, mais au contraire l'asservir, en gênant la propagation et l'essor de la pensée. »

Opinion de M. Villemain.

M. Villemain[1], s'expliquant sur le titre donné à la loi, dit qu'il avait préféré celui de *droit exclusif* à celui de *propriété* qui avait été consenti en 1839 par le gouvernement et par la commission de la Chambre des Pairs. Selon lui, le droit de l'auteur devant être temporaire, le titre de *propriété* ne convenait pas. — Répondant à un argument des partisans de la perpétuité, à savoir que le descendant d'un grand écrivain ne doit pas être réduit à la misère, il disait : « Alors il faut déclarer non seulement que la propriété sera perpétuelle, mais encore qu'elle sera incessible, c'est-à-dire que l'auteur sera captif dans sa propriété inaliénable; autrement, ce sera un spéculateur qui deviendra propriétaire et qui, à perpétuité, exploitera le public. »

Rejet de la loi.

Cette mémorable discussion devait aboutir à un vote négatif. En effet, après l'adoption partielle de chacun des articles, mais à de faibles majorités, on passa au scrutin sur l'ensemble de la loi qui fut rejetée le 2 avril 1841 par 154 voix contre 108.

Il serait difficile de dire quelle pensée triompha dans ce vote définitif. Les éléments les plus divers y eurent part.

Les uns, voulant le chiffre de 50 ans, repoussèrent une loi qui n'accordait que 30 années et qui, selon eux, ne faisait pas une part suffisante aux intérêts des auteurs;

[1] *Moniteur*, p. 731.

d'autres, en très grand nombre, on l'a vu, étaient disposés à penser que trente ans étaient trop et que vingt auraient suffi ; d'autres, enfin, avaient vu échouer leurs amendements sur des points de détail. Ainsi croula ce projet qui, dicté par de bonnes intentions, préparé et discuté par d'éminents esprits, contenait des dispositions sages, utiles ; qui, adopté, eût été un bienfait et un progrès, et qui, repoussé, eut encore cet avantage incontestable d'avoir appelé les lumières d'un grand débat public sur un intérêt grave, considérable, dont les conditions et les principes étaient encore imparfaitement connus.

Le premier résultat pratique de cette discussion, en apparence stérile, fut la proposition faite peu de temps après par MM. Berville et Vivien, dans le but de faire disparaître l'inégalité des droits existant alors entre les auteurs dramatiques et les autres écrivains. En effet, tandis que le décret du 5 février 1810 étendait la propriété des écrivains jusqu'à vingt ans après leur mort, les auteurs dramatiques, dont les droits, quant à la représentation de leurs œuvres, étaient régis par les lois de 1791 et 1793, ne transmettaient ces droits à leurs héritiers que pour une durée de dix années[1]. L'injustice de cette anomalie, déjà mise en lumière dans le débat de 1841, était, en 1844, sur le point d'éclater et de faire scandale par les

[1] Un avis du Conseil d'Etat de 1841 avait décidé que le décret de 1810 n'était pas applicable aux représentations théâtrales.

effets qu'elle allait produire à l'égard de quelques-unes des gloires de notre théâtre, particulièrement de Boëldieu, mort depuis moins de cinq ans et dont les héritiers n'avaient plus que quelques mois à recueillir les fruits de son génie [1]. C'est dans ces circonstances que MM. Berville et Vivien prirent, devant la chambre des députés, l'initiative de la proposition dont il vient d'être parlé, proposition qui fut successivement adoptée sans difficulté dans les deux chambres, sur les rapports de MM. Liadières et Viennet [2]. Elle devint la loi du 30 août 1844.

Mais restait toujours la question de savoir si cette durée de vingt années de jouissance exclusive après le décès de l'auteur était une satisfaction suffisante à un intérêt si élevé. Question toujours reproduite et toujours indécise.

Il était réservé à Napoléon III de faire un second pas, après Napoléon Ier, dans la voie des légitimes concessions à cet intérêt, et de réaliser des espérances que les gouvernements précédents n'avaient pu que faire concevoir.

En effet, au mois de mai 1853, une députation des auteurs et des artistes ayant été admise à porter leurs réclamations auprès de l'Empereur, un projet de loi fut

[1] Le terme expirait, pour les héritiers de Boëldieu, au 8 octobre 1844. — Les héritiers d'Alexandre Duval, de Lemercier, de Casimir Delavigne, Chérubini, Paër et d'autres, étaient également menacés.

[2] *Moniteur*, 1844, 14 et 19 mai, 3 juin, 20 et 27 juillet, 2 août.

immédiatement rédigé et envoyé au Corps-Législatif. Ce projet accordait aux veuves une jouissance viagère, et aux enfants une jouissance de trente années après l'auteur ou sa veuve. M. Jubinal fut nommé rapporteur le 26 mai et fit son rapport le lendemain 27; c'était le dernier jour de la session; le vote dut être ajourné à la session suivante. Le 8 mars 1854 [1], le projet fut discuté en quelques mots. M. Granier de Cassagnac se prononça pour la propriété absolue et indiqua le système de la redevance à perpétuité. M. Guyard Delalain, dit : « C'est une loi d'urgence qui ne préjuge rien quant aux principes. La lumière se fera et la propriété littéraire sera reconnue. » La loi fut adoptée, sans plus de discussion, dans les termes suivants:

Loi du 8 mars 1854 qui consacre le terme de 30 ans au profit des enfants de l'auteur après son décès et celui de sa veuve.

« Loi sur le droit de propriété garanti aux veuves et » aux enfants des auteurs, des compositeurs et des » artistes. »

« Les veuves des auteurs, des compositeurs et des » artistes, jouiront pendant toute leur vie des droits garan- » tis par les lois des 13 janvier 1791, et 19 juillet 1793, » le décret du 5 février 1810, la loi du 30 août 1844 et » les autres lois et décrets sur la matière. La durée de la » jouissance accordée aux enfants par ces mêmes lois et » décrets est portée à trente ans, à partir soit du décès de » l'auteur, compositeur ou artiste, soit de l'extinction des » droits de la veuve [2] »

[1] *Moniteur*, 1854, p. 274.

[2] Cette loi est datée du 8 avril 1854. Elle est au *Moniteur* du 24

C'est la loi aujourd'hui en vigueur, quant à la durée du droit de propriété des auteurs.

Les développements qui précèdent ont montré comment le droit des auteurs, reposant d'abord sur la base mouvante des priviléges, puis élevé en 1793 à la hauteur d'une propriété légale, bien que limitée dans sa durée, a vu, depuis lors, s'élargir à deux reprises les limites de cette durée. Le gouvernement de Napoléon III devait ouvrir encore à la juste ambition des auteurs des horizons nouveaux, des domaines inconnus.

Extension internationale du droit de propriété des auteurs.

En effet, jusque vers l'année 1843, la propriété des auteurs avait été exclusivement enfermée dans les limites du territoire où elle prenait naissance, et il semblait à de bons esprits qu'il était difficile de lui faire franchir la frontière, et de lui assurer existence et protection à l'étranger. La contrefaçon internationale, pour tout dire d'un mot, était le droit commun des peuples. Cependant, le perfectionnement des relations extérieures et de la police générale des Etats, les progrès de la conscience publique et le respect toujours croissant de l'opinion pour la propriété littéraire, devaient abaisser des barrières qui avaient paru infranchissables. Cette propriété devait gagner en étendue comme elle avait gagné en durée, et les peuples civilisés allaient tenter de se garantir réciproquement par des conventions diplomatiques la protection des écrits de leurs nationaux.

Le premier traité de ce genre est à la date du mois d'août 1843 [1]. Trois autres sont de 1851 [2].

Mais, en 1852, une généreuse initiative du gouvernement français vint donner une impulsion toute nouvelle à cette extension internationale des droits attachés à la propriété des auteurs. Napoléon, alors président de la République, revêtu momentanément de pouvoirs dictatoriaux, rendit le célèbre décret du 31 mars, qui interdit sur le territoire de France, sans stipulation de réciprocité, la contrefaçon des ouvrages de littérature ou d'art publiés à l'étranger, à la seule condition de remplir en France, pour ces ouvrages, les mêmes formalités que pour ceux d'origine française [3].

Décret du 31 mars 1852.

La France donnait ainsi un grand exemple de désintéressement et de moralité publique.

Les nations étrangères, sans nous suivre immédiatement dans la voie que nous leur avions ouverte, se montrèrent néanmoins plus faciles à consentir des stipulations relatives à cette matière, et, depuis lors, de nombreux traités sont intervenus. Aujourd'hui, vingt-six conventions de ce genre existent, et on peut dire que la protection internationale

1 Avec la Sardaigne.

2 Avec la Grande-Bretagne, le Hanovre et le Portugal.

3 Voici le texte de ce décret : « Art. 1er. La contrefaçon, sur le territoire français, d'ouvrages publiés à l'étranger et mentionnés en l'art. 425 du Code pénal, constitue un délit. — Art. 2. Il en est de même du débit, de l'exportation et de l'expédition des ouvrages contrefaisants. L'exportation et l'expédition de ces ouvrages sont un délit de la même espèce que l'introduction, sur le territoire français, d'ouvrages qui, après avoir été imprimés en France, ont été contrefaits

des ouvrages de littérature et d'art est devenue le droit européen.

Ce concours de tous les peuples pour l'extension et l'affermissement de la propriété des auteurs s'est manifesté, en dernier lieu, par un fait qui, sans avoir la portée d'un acte législatif ou diplomatique, ne peut manquer cependant d'avoir quelque influence sur les destinées de cette propriété. Je veux parler du *Congrès de la propriété littéraire* qui s'est réuni à Bruxelles en 1858.

Congrès de la propriété littéraire en 1858.

Le but de cette assemblée était de soumettre aux délibérations d'hommes experts en ces matières, et venus de tous les points du monde, un certain nombre de questions intéressant la propriété des auteurs, et particulièrement celles-ci : 1° Si cette propriété doit être perpétuelle ou temporaire ; 2° s'il est désirable qu'elle soit l'objet d'une protection internationale.

Ce congrès, provoqué par des hommes d'État, des littérateurs et des artistes, dont le mérite éminent est l'honneur de la Belgique [1], réunit, en effet, plus de 300

chez l'étranger. — Art. 3. Les délits prévus par les articles précédents seront réprimés conformément aux art. 427 et 429 du Code pénal. L'art. 463 du même Code pourra être appliqué. — Art. 4. Néanmoins la poursuite ne sera admise que sous l'accomplissement des formalités exigées pour les ouvrages publiés en France, notamment par l'art. 6 de la loi du 19 juillet 1793. »

[1] Le comité d'organisation avait pour président M. Ch. Faider, ancien ministre, avocat général à la Cour de Cassation de Belgique, membre de l'Académie royale, et pour vice-président M. Vervoort, membre de la Chambre des représentants. Il était composé, en outre, de MM. Ed. Romberg, Van der Belen, Baron, Ed. Fetis Guill. Geef, statuaire; Portaels, peintre: Stallaert, homme de lettres; et

personnes de toutes nations, distinguées et considérables à divers titres, qui, par la hauteur de leurs vues, leur expérience, la diversité même de leurs aptitudes et de leurs lumières, devaient apporter une grande autorité dans la solution des questions soumises à leur examen[1].

Or, sur les deux principales questions, voici quel fut le résultat des délibérations du Congrès[2] :

Le principe de la reconnaissance internationale de la propriété des auteurs fut admis sans contradiction.

La question relative à la durée de la propriété fut, au contraire, débattue avec une grande vivacité. De nombreux orateurs furent entendus dans des sens différents, entr'autres MM. Wolowski, Victor Foucher, pour la durée limitée, et MM. Jules Simon, Joseph Garnier, de Molinari, Pascal Duprat, Hachette, plus ou moins nettement, pour une propriété perpétuelle. — Le résultat de cette savante discussion fut un vote rendu à une grande majorité, décidant que le droit des auteurs et artistes sur

Casier, avocat, secrétaire. — Le congrès étant réuni, le bureau général se forma de ce comité auquel furent adjoints les représentants des puissances étrangères et de trois membres de l'Institut de France : MM. le baron Taylor, Scribe et Wolowski.

[1] Le personnel du congrès pouvait se décomposer ainsi : 54 membres délégués par des sociétés savantes, 47 par les universités, 21 économistes, 62 hommes de lettres, 24 artistes, 16 journalistes, 29 avocats, 29 libraires imprimeurs, et environ 40 fonctionnaires, membres d'assemblées politiques, magistrats, etc.

[2] J'ai emprunté la plupart des détails que je donne ici sur ce congrès à l'intéressante brochure publiée en 1858, sous le titre de *Congrès de la propriété littéraire et artistique*, par M. Victor Foucher, conseiller à la Cour de cassation qui, lui-même, a assisté et pris une part active aux travaux de cette assemblée.

leurs œuvres est une *propriété temporaire* dont la durée devrait s'étendre à la vie de l'auteur, à celle de sa veuve et à cinquante ans après le décès de l'un et de l'autre.

Voici au surplus les principales résolutions votées par le Congrès :

« Le Congrès estime : 1° que le principe de la reconnaissance internationale de la propriété des œuvres littéraires et artistiques doit prendre place dans la législation de tous les peuples civilisés, même en l'absence de réciprocité... 2° Il est désirable que tous les pays adoptent une législation uniforme..... 3° Les auteurs et artistes doivent jouir, durant leur vie entière, du droit exclusif de publier et reproduire leurs ouvrages... et d'en céder, en tout ou en partie, la propriété ou le droit de reproduction. — Le conjoint survivant doit conserver les mêmes droits pendant sa vie, et les héritiers ou ayant droit de l'auteur doivent en jouir pendant cinquante ans, à partir soit du décès de l'auteur, soit de l'extinction des droits du conjoint... 4° Le droit de l'auteur, sur la reproduction de son œuvre originale, doit emporter le droit de traduction, mais pour une durée de dix années seulement à l'étranger.... 5° Pour les œuvres dramatiques ou musicales, le droit de représentation ou d'exécution publique doit avoir la même durée que le droit d'impression.... 6° Pour les œuvres de dessin, peinture, sculpture, architecture, etc., l'auteur a seul le droit de reproduction par un art semblable ou distinct, sur quelque échelle que ce soit... et même dans les applications qui en seraient faites à l'industrie.... 7° Enfin, on demandait l'abolition des droits de douane, l'abaissement des taxes postales, etc. »

Commission instituée le 28 décembre 1861 par décret impérial.

Le dernier fait dont nous ayons à parler dans ce précis historique est le décret du 28 décembre dernier, par lequel S. M. l'Empereur des Français institue une commission composée de trois ministres présidents, et de membres appartenant aux grands corps de l'Etat, aux deux cours souveraines de l'Empire, à l'Institut, à l'administration, aux lettres, aux sciences, aux arts [1]. — Cet acte est une nouvelle marque de la haute bienveillance de Sa Majesté pour les intérêts de la littérature et des beaux-arts. M. le ministre d'Etat le dit : « L'Empereur a pensé que la législation sur la matière, pour avoir fait un nouveau pas en 1852 et 1854, n'est pas complète encore et ne suffit pas à de légitimes intérêts. »

Nous avons dû nous attacher, dans cette première partie, à retracer fidèlement les actes et les systèmes

[1] Cette commission est composée de M. le comte Walewski, ministre d'Etat, *président;* M. le comte de Persigny, ministre de l'intérieur, et M. Rouland, ministre de l'instruction publique et des cultes, *vice-présidents.* — MM. Barthe, Dupin, Lebrun, Mérimée, vicomte de la Guéronnière, Schneider, Nogent-Saint-Laurens, Vernier, Vuillefroy, Suin, Duvergier, Herbet, Flourens, D. Nisard, Silvestre de Sacy, Augier, Auber, Alfred Maury, le baron Taylor, le président de la commission des auteurs et compositeurs dramatiques, le président de la commission des gens de lettres, Imhaus, Edouard Thierry, Théophile Gautier, Firmin Didot. — M. Camille Doucet, *secrétaire.*

divers qui ont pu se produire, depuis quatre siècles, touchant le droit des auteurs. Nous allons maintenant étudier ce droit dans sa théorie, c'est-à-dire dans sa nature et dans ses conditions.

THÉORIE.

I.

NATURE DU DROIT DES AUTEURS.

Qu'est-ce que le droit de l'auteur sur son œuvre? Est-ce un droit de propriété, est-ce un droit d'une autre nature ?

Cette question ne fût-elle qu'une question de mots, elle aurait son importance, puisque les mots désignent et jusqu'à un certain point définissent les choses, et que l'erreur dans l'un conduit souvent à l'erreur dans les autres. Mais le droit dont nous nous occupons ici est de nature assez complexe et en même temps d'origine assez nouvelle pour qu'il ne soit pas inutile de rechercher ce qu'il est réellement en lui-même, sauf à lui donner ensuite le nom qui doit lui appartenir. — Peut-être montrerons-nous que la portée du mot *propriété* a été exagérée par ses partisans comme par ses adversaires; par les premiers, qui ont voulu faire découler de ce mot des conséquences pratiques qu'il n'emporte pas nécessairement; par les seconds, qui, pour écarter ces conséquences prétendues, ont sacrifié le mot lui-même.

En effet, les uns ont dit : Le droit des auteurs est une propriété, et comme il est de l'essence même de toute propriété d'être absolue, perpétuelle, transmissible à perpétuité, la propriété des auteurs doit avoir ces caractères.

D'autres ont dit au contraire : Le droit des auteurs ne peut pas être absolu ni perpétuellement héréditaire, la nature des choses s'y oppose; il diffère encore de la propriété ordinaire par d'autres caractères; donc il n'est pas une propriété.

Nous disons, nous, et en cela nous ne faisons que proclamer ce qui est entré depuis longtemps dans notre langue comme dans notre droit, et ce qui est, croyons-nous, conforme au vrai; à savoir : que le droit des auteurs sur leurs œuvres est une propriété, mais aussi que cette propriété a ses caractères spéciaux, caractères qui excluent, notamment, la transmission héréditaire à perpétuité.

Je dis que le droit des auteurs sur leur pensée, sur leur œuvre, est un droit de propriété.

Prenez la propriété ordinaire, voyez-la dans ses causes efficientes, dans ses formes extérieures, dans ses modes de jouissance, et dites si la propriété des auteurs n'a pas au moins de nombreuses analogies avec elle.

Les causes originaires du droit de propriété sur un champ ou sur un objet mobilier, c'est l'action du premier occupant, c'est aussi le travail. Je trouve un coin de terre vacant et sans maître, je m'en empare; je le cultive, j'y mets l'effort de mon bras et de mon intelligence... Ou bien, je ramasse un morceau de bois; j'en fais, par mon industrie, un meuble utile. Voilà comment je deviens propriétaire de ce champ et de ce meuble; désormais ils sont à moi, j'en ai la κτησις, comme disaient les Grecs, j'en ai le *dominium*, comme disaient les Latins, j'en ai la *propriété*, comme nous disons.

Maintenant, sous quelles formes extérieures se présente la propriété ordinaire, le champ, le meuble? Sous la forme d'une chose limitée, précise, certaine, susceptible d'une appropriation particulière, en un mot, se prêtant à la distinction du tien et du mien. L'homme ne peut classer parmi les biens sujets à propriété ni l'air qu'il respire, ni la lumière qui est nécessaire à sa vie, ni les vastes mers qu'il parcourt en dominateur, parce que ces choses échappent à une détermination nette, à un partage, à une appropriation individuelle. De même, un homme ne parlerait pas français et au fond exprimerait une pensée fausse, s'il se prétendait *propriétaire* d'une noble action qu'il aurait faite, parce qu'une action qui s'évanouit instantanément, qui ne prend pas une forme précise et durable, et qui ne reste que comme souvenir, n'est pour aucun esprit, non plus que dans aucune langue, matière à propriété. On est l'auteur d'une belle action, on n'en est pas le propriétaire. — Un des caractères constants de la propriété ordinaire, c'est donc de reposer sur une chose certaine, déterminée, appropriable.

Enfin, considérez la propriété ordinaire dans ses modes de jouissance, dans ses fruits, dans les droits qui y sont attachés. Les Latins disaient et nous disons encore : la propriété, c'est le *jus utendi et abutendi*, c'est-à-dire le droit pour le propriétaire de faire de sa chose ce qu'il veut, de l'utiliser par tous les moyens en son pouvoir, même de la détruire, si mieux il l'aime, à la condition toutefois de ne pas contrevenir aux lois, ou plutôt encore de ne pas nuire à autrui (Art. 544 du Code Napoléon). On peut ajouter que le droit de propriété ordinaire emporte virtuellement celui de transmission héréditaire à perpétuité; nous devrons toutefois examiner plus loin si cette transmissibilité est une déduction nécessaire de la notion générale et absolue de propriété, ou si elle n'est pas plutôt une conséquence de la nature spéciale des choses même qui sont les objets ordinaires de la propriété [1].

Quoi qu'il en soit, considérons maintenant le droit de

[1] On affirme trop inconsidérément que le droit du propriétaire sur sa chose est absolu. La loi civile règlemente la propriété et lui donne des limites. Je ne puis brûler ni ma récolte, ni le toit qui m'abrite. Je ne puis ni dessécher mes étangs, ni défricher mes bois. Je n'ai pas le droit de laisser mes mines improductives; je n'ai pas même celui de réparer ma maison si elle fait obstacle à la voie publique. On peut m'exproprier pour cause d'utilité générale moyennant indemnité. Enfin je ne dispose héréditairement de mes biens que dans une mesure et sous certaines conditions établies par les lois. — On devrait se souvenir de tout cela, lorsqu'on refuse au droit des auteurs sur leur œuvre le caractère et le nom de propriété.

l'auteur sur son œuvre. Comparons-le au droit du propriétaire sur sa chose, et voyons si ces deux droits, malgré certaines différences, n'ont pas entr'eux de grandes ressemblances, soit dans leurs causes, soit dans leurs manifestations extérieures, soit même dans leurs modes de jouissance.

L'auteur a fait une œuvre de poésie, d'éloquence, d'histoire, de critique; il a formé cette œuvre des richesses de son imagination, de son savoir, de son âme, de son goût. Qu'a-t-il fait autre chose que le propriétaire qui le premier a occupé un champ ou un fragment de matière, et qui, par son intelligence et ses sueurs, l'a consacré en quelque sorte à son usage et en a fait à bon droit sa propriété? Quelle différence y a-t-il donc entre les deux propriétés, si l'on regarde à leurs causes efficientes? Aucune, si ce n'est que l'une est plus intellectuelle et par conséquent plus haute, plus respectable encore que l'autre.

Mais la propriété ordinaire, qu'elle repose sur un champ ou sur un objet mobilier, se manifeste extérieurement, avons-nous dit, sous la forme d'une chose déterminée, certaine, limitée, facile à séparer d'une chose semblable, très susceptible de tien et de mien, en un mot très clairement appropriable. En est-il de même de la propriété de l'auteur? Evidemment, oui. En effet, si la pensée, l'idée, la création intellectuelle, n'a point d'abord, et tant qu'elle demeure à l'état immatériel, cette existence palpable et extérieure qui appartient aux corps et qui les rend essentiellement susceptibles d'appropriation, elle va bien vite revêtir cette forme et ce caractère, en devenant un écrit, un livre, ou encore un tableau ou une statue. La pensée ainsi matérialisée, rendue visible, certaine, durable, ne diffère plus guère, même dans sa partie intellectuelle, des choses qui font le sujet de la propriété ordinaire. Nous disions tout à l'heure qu'il serait insensé à quelqu'un de se prétendre propriétaire d'une belle action qu'il aurait faite, ou d'un service qu'il aurait rendu, parce que ces choses en elles-mêmes sont instantanées, éphémères, et n'ont ensuite d'existence que dans le souvenir des hommes ; mais il n'en est pas ainsi de la tragédie de *Britannicus* ou de la *Sainte-Famille* de Raphaël ; ces œuvres vivent par elles-mêmes, elles durent après l'effort de génie qui les a produites, elles affectent une forme extérieure qui leur est propre. Kant a dit qu'un livre était *la prestation d'un service envers la société*, et on s'est emparé de cette définition pour soutenir qu'un livre n'est pas une propriété. Nous disons, nous, qu'un *bon* livre est, en effet, un service rendu, mais qu'un mauvais livre, comme un bon, est la propriété de celui qui l'a fait. C'est qu'il y a dans un livre, non pas seulement une bonne ou une mauvaise action, il y a une chose qui reste et que l'auteur a raisonnablement le droit d'appeler sa propriété ; cette chose, c'est le livre même, c'est-à-dire la pensée créée, la pensée ayant reçu la vie.

Etudions enfin la propriété de l'auteur dans ses modes de jouissance, dans ses fruits, comme nous l'avons fait pour la propriété ordinaire. — Voici un manuscrit : il y a dans ce manuscrit deux choses : une création intellectuelle et un objet mobilier. La création intellectuelle, ou la pensée, est évidemment la propriété de l'auteur au même titre que le pourrait être un champ ou un fragment de matière; car il l'a faite sienne par l'occupation et le travail, il en a fait une chose à forme précise et déterminée ; enfin, il peut en user d'une manière absolue, même l'anéantir. Or, ce sont là tous les caractères de la propriété ordinaire. Quant à ce qui est la partie mobilière du manuscrit, c'est-à-dire le papier et les mots qui le recouvrent, évidemment, c'est là la propriété dans son sens vulgaire, avec l'universalité de ses attributs. Le manuscrit de l'auteur est donc, dans la main de celui-ci, soit comme pensée, soit comme objet mobilier, une propriété véritable, et jusque là il paraît impossible de le contester.

Mais je continue. L'auteur veut tirer de son œuvre un autre parti. Comme le propriétaire d'un champ, ou d'une maison, ou d'une somme d'argent, il veut faire rendre à sa chose tous les fruits qu'elle peut porter. Il imagine de faire un grand nombre de copies de son manuscrit et de les vendre au public. Que fait-il encore ainsi, sinon acte d'utilisation de sa chose, c'est-à-dire acte de propriété? — Jusque-là, encore, j'ose le dire, pas de difficulté possible. C'est bien une propriété qui est aux mains de l'auteur, propriété dont il recueille les fruits.

Mais ici va surgir un embarras, je le reconnais. Dès que l'auteur aura vendu, communiqué un exemplaire de son œuvre, le possesseur de cet exemplaire pourra, si on ne le lui interdit, le copier lui-même, en faire de nombreuses copies par l'impression, la gravure, ou autrement, puis les vendre aussi et faire par là une concurrence préjudiciable à l'auteur. Or, l'auteur qui était, incontestablement, propriétaire de sa pensée et du manuscrit qui la renfermait, va-t-il être dépouillé de cette propriété dès la première communication qu'il en aura faite au public? ou au contraire ne doit-on pas lui reconnaître un certain droit de suite sur cette pensée qui est à lui, en lui réservant le droit exclusif de la reproduire? Remarquez que deux propriétaires sont maintenant en présence : d'un côté, celui qui a acheté un exemplaire et qui revendique le droit d'en faire ce qu'il veut, notamment d'en faire des copies ; de l'autre côté, l'auteur qui dit : je vous ai vendu un exemplaire de ma pensée, mais non pas ma pensée elle-même. En d'autres termes, il y a là un contrat de vente dont il faut régler les effets. L'auteur a-t-il vendu sa pensée avec tous les modes de jouissance et d'utilisation qui y sont attachés, ou au contraire s'est-il réservé, ou lui a-t-on réservé, quelque chose de la propriété de sa pensée, notamment le droit exclusif d'en tirer parti au moyen de la reproduction ? Or, toutes les législations ont résolu la question en ce sens, que l'auteur garde (sinon à perpétuité, du moins pendant un temps déterminé) le droit exclusif de publier et de vendre des reproductions de sa pensée, c'est-à-dire qu'il retient par devers lui ce mode particulier de jouir de son œuvre et d'en percevoir des fruits.

Eh bien, à quel titre, en vertu de quel droit, l'auteur

obtient-il que la loi lui réserve ainsi, ne fût-ce que temporairement, l'exploitation exclusive de son œuvre, et qu'elle fasse défense à tous autres, même à ceux qui sont propriétaires d'un exemplaire de cette œuvre, d'en faire et d'en publier des copies? L'auteur obtient cela en vertu de son droit de propriété. Lorsque sa pensée n'existait encore qu'en manuscrit, elle était sa propriété, il pouvait la garder pour lui seul, il pouvait la détruire. Lorsqu'elle a été imprimée, mais non encore publiée, rien n'était changé quant à la nature du droit, l'auteur avait encore la propriété pleine et entière de son œuvre, et il était prêt à en recueillir les fruits. Maintenant, voilà l'édition publiée, la pensée communiquée; la propriété va être aux prises avec la propriété de l'acheteur et exposée au danger des reproductions rivales; la loi intervient et stipule une réserve au profit de l'auteur. Je dis que cette réserve a son principe dans la propriété de l'auteur sur sa pensée, et qu'elle est en réalité un droit de suite sur les fruits de celle-ci.

Cependant d'éminents esprits, et parmi eux M. le Conseiller Renouard, M. le Président Berville, ont refusé au droit des auteurs le caractère et le nom de propriété. M. Renouard a dit: « On peut bien, dans le sens général du mot, dire que les pensées de l'homme lui sont *propres* et sont sa *propriété*; mais, dans le sens légal et juridique, l'homme ne peut être propriétaire que des objets matériels extérieurs à lui, qui lui sont attachés par appropriation, et qui sont de leur nature forcément appropriables sous peine de périr. C'est le droit exclusif dérivant de cette appropriation qui constitue la seule *propriété* dont s'occupent les lois. » (*Traité des droits d'auteur*, t. 1, p. 455, 456, 444, 447).

M. Renouard veut-il dire que, jusqu'à l'avènement de la propriété littéraire, le droit civil n'a eu à s'occuper que d'un genre de propriété, celle des choses matérielles, nécessairement appropriables ? Cela ne serait pas même tout-à-fait exact. Car le droit civil a compris et comprend, parmi les *biens* susceptibles de *propriété*, des choses qui ne sont, ni forcément appropriables, ni de nature matérielle : les esclaves par exemple, que je ne suppose pas être des objets forcément appropriables ; les actions en justice, que le Code Napoléon range parmi les *biens* meubles ou immeubles selon l'objet auquel elles s'appliquent ; les rentes sur l'Etat dont on ne peut exiger le capital ; les rentes viagères qui sont dans le même cas ; toutes ces choses sont des *biens* incorporels dont la *propriété* est expressément l'objet de dispositions légales (C. Nap. art. 526, 529, 563, 1980, 1982, 1983). Et en effet, M. de Broglie le disait en 1843 dans son rapport sur l'abolition de l'Esclavage. « Il existe deux sortes de propriétés : la propriété ordinaire et naturelle, et la propriété exceptionnelle ou purement légale. La propriété naturelle n'est point l'œuvre de l'Etat, elle en est au contraire le fondement, elle préexiste à la loi qui la protège. La propriété exceptionnelle est l'œuvre du législateur... C'est ainsi que deviennent possibles la propriété littéraire, les brevets d'invention, les priviléges, etc. »

Mais je veux concéder que les lois n'aient parlé jusqu'ici que de la propriété des biens matériels forcément appropriables ! Si aujourd'hui il a surgi un nouvel intérêt, une nouvelle nature de bien qui, sans être de tous points semblable aux biens jusque là connus et réglés par les lois, a cependant avec eux de très grandes analogies ; si, sans être une chose toute matérielle, tout appropriable, c'est une chose à demi appropriable, qui produit des fruits, soit naturels, soit civils, qui, jusqu'à un certain moment de son développement, ne diffère absolument en rien des objets de la propriété ordinaire, et ne s'en écarte ensuite que pour conserver encore avec ces choses de sérieuses ressemblances; si d'ailleurs cette chose est éminemment respectable et sacrée comme étant le fruit le plus intime du travail de l'homme ; serait-il donc défendu de faire rentrer cette chose dans la catégorie de celles dont la loi s'est spécialement occupée jusqu'à ce jour, et de désigner sous le nom respecté de propriété l'ensemble des droits qui y sont attachés? Evidemment, le passé ne saurait, à ce point, engager l'avenir, contre la vérité et contre la raison.

M. Renouard veut-il dire que la nature des choses répugne à ce que l'ensemble des droits de l'auteur sur son œuvre puisse être, je ne dis plus d'après le droit du passé, mais d'après le droit éternel, raisonnablement considéré comme une propriété ? Je ne saurais être, à cet égard, de son avis. Je crois en effet avoir établi plus haut : 1° que l'œuvre intellectuelle, tant qu'elle est renfermée dans le manuscrit, est, comme le manuscrit lui-même, appropriable, appropriée, semblable en tout à l'objet ordinaire de la propriété ; 2° qu'une édition tout entière de cette œuvre, alors qu'elle n'est pas encore livrée au public, est encore un fruit naturel et ordinaire d'une propriété ordinaire ; 3° que si, une fois émise et livrée au public, elle n'a plus les caractères d'une propriété ordinaire, parce qu'elle cesse d'être appropriée ou possédée primitivement, pour devenir la chose de tous, cependant le droit exclusif que l'auteur obtient de la loi sur les reproductions subséquentes est encore un fruit, un fruit civil il est vrai, mais un fruit, un accessoire de sa propriété. L'ensemble de ces droits, je l'appelle propriété.

Les adversaires disent : Le droit des auteurs n'est pas un droit de propriété ; c'est *la rémunération d'un service rendu*. Je soutiens que cette définition ne convient pas à la chose définie.

Service rendu! — Mais je l'ai déjà dit : il n'y a souvent pas cela dans la publication d'un livre, et il y a toujours autre chose que cela ; pas cela, car il y a des livres inutiles et même dangereux ; autre chose que cela, car en dehors de l'action d'avoir rendu ce qu'on veut appeler un service, il y a une chose créée, qui existe, qui dure, qui est une *entité*, comme disent les philosophes, et qui a des caractères d'appropriation que n'a pas cette simple action.

La qualification de service rendu ne suffit donc pas.

Rémunération! — Mais outre qu'on rémunère seulement ce qui est bon, et que bien des livres ne le sont pas, ce mot suppose encore, à un autre point de vue, des appréciations comparatives et graduées qui évidemment sont inconciliables avec le caractère général et fixe d'une disposition de loi. Rémunérer est un acte de justice, mais c'est aussi un acte volontaire ; c'est revenir au *privilége* d'autrefois, c'est revenir à la *grâce fondée en justice* de 1777. Le droit de propriété a un caractère plus haut et plus indépendant ; il repose aussi sur la justice, mais il ne se concède ni ne se mesure au service rendu ; il est avant tout le fruit naturel du travail humain et la loi providentielle des sociétés. Qu'on remarque bien d'ailleurs qu'à côté du droit exclusif de reproduction, de cette sorte de monopole légal, auquel on veut donner le nom de rémunération, l'auteur a sur son œuvre des droits préexistants, naturels, indépendants, auxquels ce nom n'a jamais pu convenir ; je veux parler de ceux qu'il a d'abord sur sa pensée inédite, puis sur sa pensée manuscrite, et enfin sur sa pensée imprimée, mais non encore publiée. Or, quel nom peut appartenir à ces droits, sinon celui de propriété?

On a objecté encore que, chez d'autres peuples, en Angleterre, en Allemagne par exemple, le droit exclusif de reproduction des auteurs a reçu législativement un nom particulier qui n'est pas celui de *propriété;* il a été qualifié, dans les lois anglaises et allemandes, *droit de copie* [1]. Cela est vrai. Que de l'ensemble des droits attachés à la propriété des auteurs on sépare le droit exclusif de reproduction pour le réglementer à part, et qu'on donne à ce droit particulier le nom spécial de droit de copie, rien de plus naturel ; mais que, réunissant tous les droits qui se rattachent à la création d'une œuvre littéraire, on appelle propriété l'ensemble de ces droits, rien de plus légitime aussi et de plus juridique. D'ailleurs la France, quand il s'agit de littérature et d'art, a le droit de parler sa propre langue. Or, depuis qu'en France les auteurs sont émancipés des lisières des priviléges, depuis qu'ils sont *sui juris,* et qu'ils tiennent de leur travail, non plus une faveur, mais un droit, ce droit s'est nommé propriété littéraire. Il y a près d'un siècle, les arrêts du conseil du 30 août 1777 prononçaient déjà le mot, sans donner encore la chose. En 1791, Lechapelier, au nom de la Constituante, appelait le droit des auteurs la propriété la plus sainte, et faisait consacrer cette propriété dans une loi. En 1793, la Convention confirmait encore la chose et le mot. En 1810, Napoléon Ier, discutant le décret du 5 février, donnait à cette propriété le baptême du génie et du bon sens. En 1839, M. Portalis [2], M. de Broglie, et avec

[1] Copy-right, Verlags recht ; Vervielfaltiguns-Recht.

[2] M. Portalis disait devant la Chambre des pairs : « Sans doute, pour être acquise par le travail et la profession, la chose sur laquelle on prétend exercer le droit de propriété doit pouvoir être possédée exclusivement par un seul.... ;

eux les deux chambres d'alors ; en 1852, le décret de Napoléon III ; en 1854, la loi du 8 mars ; en 1858, le congrès de Bruxelles, parlant au nom de l'Europe ; enfin, de 1843 à 1862, vingt-six traités signés par la France avec le monde civilisé ; autant d'autorités imposantes, irrésistibles, pour attacher définitivement au droit des auteurs un nom qui est le sien en fait comme en droit, qui est son nom d'émancipation, qui est à lui seul une sauvegarde et un principe, le nom de propriété.

II.

DURÉE DU DROIT EXCLUSIF DE REPRODUCTION.

Mais après avoir établi que l'auteur a la propriété de son œuvre et que le droit exclusif de reproduction est un des droits de sa propriété, un des moyens de la faire fructifier, il reste à examiner une autre question fort grave, à

mais si, moyennant cette condition, l'homme peut s'approprier les choses qui sont hors de lui et qui lui sont complètement étrangères, comment ne pourrait-il pas, nous ne disons pas acquérir, mais conserver la propriété de ses pensées, de l'expression de ses pensées, de la manifestation extérieure des opérations de son intelligence, des inventions de son génie, des combinaisons et des jeux de son imagination, après qu'il les a mises au jour ? » — Il ajoutait (je crois) : « On se préoccupe trop du passé et des notions ordinaires du droit, et pas assez de l'état actuel de la société et de l'influence nécessaire que les circonstances sociales doivent exercer sur la législation.... »

savoir, si ce droit exclusif doit être héréditairement transmissible à perpétuité, ou simplement temporaire.

La perpétuité est-elle une conséquence forcée de la propriété?

Les partisans de la perpétuité ont dit : L'auteur est *propriétaire* de son œuvre ; or, il est de droit naturel, de droit divin pour ainsi dire, que toute *propriété* est indéfiniment transmissible ; la propriété des auteurs doit donc avoir ce caractère.

Prenons garde.

Il est parfaitement vrai que la propriété ordinaire est, en vertu du droit naturel, quoique avec certaines restrictions nécessaires, transmissible à perpétuité. On a pu le contester dans les mauvais jours ou dans les mauvais livres; ces contradictions n'ont servi qu'à illustrer l'éclat du principe, qu'à fortifier l'inébranlable solidité du fait. Mais pourquoi l'hérédité perpétuelle est-elle de l'essence de la propriété ordinaire? Pourquoi sommes-nous arrivés à ne pas concevoir l'une sans l'autre? Pourquoi disons-nous que cette indissoluble alliance est de droit naturel plus que de droit civil?

Ce n'est pas seulement parce que cela est juste, moral, utile ; c'est, avant tout, parce que les choses qui font la matière de la propriété ordinaire, c'est-à-dire la terre ou les objets mobiliers, sont, par leur nature et quoi qu'on fasse, destinées à tomber en possession privative, et que l'hérédité est la conséquence naturelle de cette nécessité.

Sans doute, il est juste que le patrimoine soit héréditaire. Dites à un père que les épargnes qu'il doit au travail ou aux privations, que le champ qu'il a fécondé de ses mains ne passeront pas à ses enfants ; vous le révolterez ; la violence, la ruse, tout lui paraîtra légitime pour se soustraire à ce qui est une iniquité.

L'hérédité est morale aussi ; car elle est le lien et le ciment de la famille, principe de toute moralité parmi les hommes.

L'hérédité est utile ; car elle encourage et centuple les efforts de l'homme ; et l'homme, en travaillant, enrichit, non-seulement lui-même et sa famille, mais la société, mais l'humanité tout entière. Otez l'hérédité, vous brisez les ressorts du travail, vous tarissez les sources de la richesse.

Sans contredit, ces raisons de justice, de moralité, d'utilité, sont de puissantes raisons ; mais la nécessité est la première de toutes, et celle-là est irrésistible.

Imaginez, en effet, l'hérédité abolie ; supposez qu'à la mort d'un homme la propriété de ses biens n'appartienne à personne, ou bien encore qu'elle appartienne à tout le monde, c'est-à-dire à l'Etat. Qu'arrivera-t-il ? Si ces biens n'échoient à personne, chacun va se hâter d'en saisir un lambeau, et une heure ne se sera pas écoulée que le tout aura passé entre les mains d'un petit nombre d'individus, et sera redevenu ainsi propriété privée. Si ces biens échoient à l'Etat, il arrivera de deux choses l'une : ou l'Etat en fera le partage entre ses citoyens, et alors il y aura, de nouveau, appropriation particulière ; ou bien il en conservera la propriété pour les faire valoir à son gré, et en distribuer les fruits, mais alors il sera lui-même un propriétaire privatif, propriétaire se succédant perpétuellement à lui-même, puisqu'il ne meurt pas. Et ainsi, dans quelque hypothèse qu'on veuille se placer, on arrive fatalement à reconnaître que les objets de la propriété ordinaire, c'est-à-dire les biens meubles et immeubles, ne peuvent être utilisés que par voie de possession privative. Meuble ou terre appelle des propriétaires exclusifs [1].

Or, cette nécessité de la possession exclusive étant reconnue et constatée en ce qui touche les biens ordinaires, l'hérédité de la propriété de ces biens s'ensuivait naturellement ; car l'hérédité était le moyen le plus sûr,

[1] C'est là ce que montre l'histoire de tous les temps. — Le Pentateuque enseigne qu'après l'invasion de la terre promise, le partage s'en fit par le sort entre les Hébreux ; et Moïse établit que chaque famille devait conserver à jamais la portion qui lui était échue. — A Sparte, Lycurgue dépouille les citoyens, mais c'est pour procéder à un nouveau partage des terres. — A Athènes, Platon professe que l'Etat a un droit sur les terres, mais il concède que les citoyens doivent se les partager, puisqu'ils ne savent pas posséder en commun. — A Rome, Romulus partagea les terres conquises entre les 30 curies du peuple ; c'était déjà le partage ; mais Numa distribua bientôt les mêmes terres entre les mêmes citoyens individuellement : ce fut le domaine qui était le *dominium*. Il y avait bien à côté de cette propriété privée une propriété publique, *ager publicus*, mais l'Etat le concédait aux particuliers sous le nom de *possessiones*, possessions d'abord révocables et temporaires, mais qui, bientôt, par la faveur du droit prétorien, ou plutôt par la pente naturelle des choses, devinrent fermes et irrévocables ; et il n'y eut plus de différence entre le *dominium* et les *possessiones*. Quant aux lois agraires, elles enlèvent la propriété à certains possesseurs, mais pour la faire passer à d'autres.

La loi romaine a exprimé avec énergie cette nécessité de l'appropriation exclusive des biens, lorsqu'elle a dit : *Plures eamdem rem in solidum possidere non possunt ; contra naturam quippe est, cùm ego aliquid teneam, tu quoque id tenere videaris* (ff., l. 41, t. 2, § 3. *De adquirendâ vel amittendâ possessione*). — *Etsi proprietas ab hâc possessione separari non possit*, etc. (Code, l. 7, t. 32, § 8).

le plus simple, et en même temps le plus honnête, d'assurer sans interruption et sans lacunes leur appropriation, appropriation qui est forcée, qui se ferait toujours et quand même, mais qui se ferait mal ou par de mauvais moyens. — Qu'on remarque bien que nous ne discutons point ici les systèmes qui condamnent l'hérédité et qui prétendent lui substituer, soit la communauté des biens, soit le partage viager, soit toute autre utopie. Avec l'histoire, avec le genre humain, nous tenons l'hérédité des biens meubles et immeubles pour un principe hors de contestation. Ce que nous avons voulu montrer simplement, c'est que si la propriété de ces biens est héréditaire, la raison en est, avant tout, dans leur nature même et dans la nécessité de leur appropriation privative, à raison de cette nature. Et la conséquence que nous en tirons pour notre sujet, c'est qu'il pourrait être téméraire de conclure de l'hérédité nécessaire de la propriété des biens meubles et immeubles à la nécessité de l'hérédité pour la propriété de certains biens d'une autre nature, notamment de ceux à qui manquerait le caractère d'une appropriation privative absolue et nécessaire.

Cela dit, voyons si la propriété littéraire est, comme la propriété ordinaire, soumise à la loi naturelle d'une appropriation exclusive et par suite si elle appelle *forcément*, comme celle-ci, l'appossessionnement héréditaire.

Je l'ai déjà dit, il faut distinguer, dans la propriété littéraire, plusieurs aspects, plusieurs moments. Tant que l'auteur n'a pas livré au public les reproductions de son œuvre, il est propriétaire de sa pensée, de son manuscrit, de son livre, au même titre que le propriétaire d'une chose mobilière ou immobilière. Il faudra toujours à ce manuscrit, à ce livre, en tant qu'objet mobilier, un possesseur privatif; voilà la propriété ordinaire, voilà la propriété forcément héréditaire. Mais, maintenant des exemplaires de ce livre ont été mis dans les mains du public, et il s'agit pour l'auteur, non pas de la possession exclusive et matérielle de l'œuvre originale, mais bien du droit de publier et de vendre seul de nouvelles reproductions de son œuvre ; ce droit est certainement une conséquence, un accessoire, un fruit de la propriété de l'auteur, nous l'avons démontré ; mais ce droit, ce fruit, est de nature particulière, exceptionnelle, avec ses caractères, ses conditions, ses nécessités. L'auteur qui veut utiliser la propriété de son œuvre en la reproduisant à un grand nombre d'exemplaires ne fait pas comme le propriétaire d'un meuble ou d'un champ qui veut en tirer parti ; loin que l'auteur retienne sa chose, et en fasse l'objet d'une possession jalouse, au contraire il la communique, la divulgue et la fait entrer dans la possession de tous. Et non seulement c'est à cette condition qu'il retire de son œuvre les fruits qu'elle peut donner, c'est-à-dire la gloire comme la richesse ; mais la nature même des choses, indépendamment de tout calcul intéressé, le veut ainsi. La pensée aspire à se donner, à se répandre, à se généraliser, comme la matière à se concentrer et à s'individualiser. D'un esprit la pensée passe à un autre esprit, d'un peuple à un peuple, d'un siècle à un siècle ; elle arrive ainsi à éclairer et à nourrir tous les esprits, tous les hommes, tous les temps, et elle s'accroît pour chacun en se partageant entre tous. Qu'est-ce que l'Iliade aux mains d'un seul homme et ignorée de tous les autres ? Et à côté de cela qu'est-ce qu'un champ, ou une pièce d'or aux mains de tous les hommes ensemble ? — La pensée a sa nécessité et sa loi, comme la matière a la sienne. Ici, possession ; là, divulgation.

Si donc l'hérédité en matière de propriété ordinaire s'induit surtout, comme nous l'avons dit, de la nécessité d'une possession privative inhérente à ce genre de propriété, il est manifeste que nous ne rencontrons pas dans la propriété de la pensée la même raison de conclure à son hérédité, puisque cette propriété spéciale ne donne ses fruits que sous la loi, sous la nécessité contraire de la divulgation.

Nous ne concluons pas encore de ce qui précède que la propriété de la pensée ne doit pas être héréditaire ; mais nous disons dès à présent que tout au moins l'hérédité n'y est pas nécessaire, et qu'il est illogique de dire comme on l'a fait souvent : c'est une propriété, donc elle est héréditaire.

La nécessité absolue de l'hérédité étant ainsi écartée, nous avons le droit de rechercher s'il est bon que cette hérédité existe. Ce n'est plus dès lors qu'une question de justice, d'utilité, et aussi de possibilité.

La perpétuité est-elle commandée par la justice ?

L'hérédité perpétuelle de la propriété des auteurs est-elle réclamée par la *justice* ?

Certainement il paraît juste, au premier abord, qu'un auteur soit maître de son œuvre au même titre que le propriétaire est maître de son champ ou de sa maison, car cette œuvre est incontestablement le produit de son travail, mieux encore, le produit de son esprit, c'est-à-dire, de ce qu'il y a de plus personnel et de plus haut en l'homme. Il semble que l'assimiler au propriétaire d'un coin de terre ne serait pas le traiter avec trop de faveur.

Cependant, à la réflexion, on s'aperçoit que cette façon de raisonner est vicieuse. La justice n'est pas absolue; elle est relative aux choses, à leur nature, à leurs manières d'être.

La propriété ordinaire a ses conditions, la propriété intellectuelle a les siennes.

De là des différences dans la justice de l'hérédité de l'une et de l'autre.

J'hérite d'un champ, d'une maison, d'un meuble ; chacun trouvera juste que j'en aie la propriété exclusive, bien que je n'aie pas défriché ou payé le champ, bien que je n'aie pas fait ou payé la maison ou le meuble. Pourquoi ? c'est qu'indépendamment de la nécessité de l'appropriation privative de ces choses, qui est déjà une justification, j'établis moi-même, vis-à-vis de ces objets, des rapports de travail, de soins, de conservation, qui *justifient* bientôt à tous les yeux mon droit de propriété. Je rends un service à la société par cela seul que je possède;

car un bien meuble ou immeuble qui n'est pas possédé n'est pas un *bien*. En retour, la société trouve *juste* ma possession. — En est-il de même de la propriété intellectuelle? Non. J'hérite d'un manuscrit déjà publié ; je réclame le droit exclusif d'en faire des reproductions. Cette réclamation pourra se justifier par d'autres raisons, mais ce ne sera pas par la raison qui vient d'être donnée pour les biens meubles et immeubles. Car la possession exclusive du droit de reproduction d'un livre n'est pas, en elle-même, comme la possession exclusive d'un champ, un service incessamment rendu à la société et qui justifie le droit du possesseur. Pour qu'une œuvre littéraire et scientifique fructifie, et soit un *bien*, il n'est pas nécessaire qu'un possesseur privatif la possède et la fasse fructifier. Au contraire, elle rendra plus de services et sera plus un *bien*, si elle appartient à tous et si chacun peut la répandre librement. La société sent qu'elle a besoin de l'héritier du champ; elle s'aperçoit vite qu'elle n'a pas besoin de l'héritier du livre, et même qu'elle ferait mieux ses affaires sans lui. Il ne faut pas s'étonner qu'à ses yeux l'hérédité du champ soit plus juste que l'hérédité du livre[1].

Il semble juste que l'auteur ait sur les fruits de sa

[1] M. Laferrière a dit : « La propriété territoriale est essentiellement transmissible, parce que le rapport du propriétaire à la chose peut exister aussi entre la chose et l'héritier. La propriété littéraire n'est pas transmissible, parce qu'elle est essentiellement personnelle et que le rapport primitif de l'auteur à son œuvre ne peut passer sur la tête de l'héritier. »

pensée les mêmes droits que le propriétaire ordinaire sur les fruits de sa terre, et que, pour l'un aussi bien que pour l'autre, ce droit soit héréditaire. Mais ici, encore, il faut prendre garde. Il faut faire attention que la propriété intellectuelle ne fructifie qu'à l'aide d'un procédé exceptionnel, d'un monopole, d'un droit exclusif, qui fait échec à d'autres droits non moins légitimes et plus ordinaires. Ainsi, j'achète un exemplaire d'un livre ; d'après le droit commun, le droit naturel, j'ai la propriété pleine et entière de cet exemplaire, je puis en disposer de la manière *la plus absolue*, dit la loi. Je devrais donc en pouvoir faire autant de copies ou de reproductions qu'il me plaît. Je ne le puis pas cependant ; mon droit est gêné, mutilé en ce point par le droit privatif qui est accordé à l'auteur. — Or la propriété ordinaire, pour fructifier dans les mains de son possesseur, n'impose point aux autres ce genre de sacrifices. Le propriétaire d'une terre, pour la mettre en rapport, n'a pas besoin de restreindre ou de grever à son profit la terre d'autrui ; il peut bien y avoir entre propriétés territoriales des charges ou servitudes, mais réciproques et très limitées ; il peut y avoir encore sur ces propriétés quelques droits de suite, comme l'hypothèque, le privilége ; mais ces droits s'éteignent vite ; la loi naturelle de la propriété est l'affranchissement. — Loin donc que la propriété des auteurs qui, dans son droit exclusif de reproduction, est un véritable droit de suite ou de servitude, paraisse devoir équitablement obtenir les bénéfices de la perpétuité, la justice commande au contraire, ce semble, que les entraves et les restrictions que ce droit impose à la liberté et à la plénitude de la propriété commune, soient au moins renfermées dans les limites d'une durée temporaire.

Il faut considérer encore que la propriété intellectuelle impose à l'autorité publique des soins et des devoirs que ne réclame pas au même degré la propriété ordinaire. L'Etat doit à la propriété, quelle qu'elle soit, le secours de ses lois, de ses magistrats, de sa force armée. Soit, cela est juste. Mais il est juste aussi de mesurer ce secours, de tenir compte des charges, des difficultés, des sacrifices qu'il comporte. Le propriétaire du champ ou de la chose mobilière demande à peine protection contre les empiétements du voisin, contre la ruse ou la violence du larron. Un juge, un gendarme lui suffisent, lorsqu'il ne se suffit pas à lui-même. Mais le propriétaire d'une œuvre d'esprit ou d'art... ce n'est pas assez de le protéger dans la possession de son manuscrit, de son édition, de son tableau ; il faut lui assurer un droit de suite sur sa pensée, le droit d'empêcher que personne reproduise cette pensée à son préjudice. Il faut veiller pour lui et avec lui, non pas sur un point unique et déterminé, mais sur tous les points du pays à la fois. Ce n'est pas encore assez, il faut étendre cette vigilance au monde entier, traiter avec toutes les nations et leur offrir souvent d'onéreuses compensations, pour que la propriété de l'autenr soit efficacement protégée et qu'elle donne tous ses fruits.

Or, je ne vais pas jusqu'à dire que ce déploiement de

protections et de surveillances ne soit pas commandé par la justice; elles se justifient au contraire, à mes yeux, par la grandeur de leur objet; mais je dis que si, au lieu d'être accordées pour un temps, elles l'étaient à perpétuité; si, au lieu de profiter à l'auteur lui-même et à sa famille immédiate, elles devaient enrichir dans un avenir indéfini le détenteur, quel qu'il fût, d'une œuvre quelconque, si indigne, si mauvaise fût cette œuvre; je dis qu'il ne serait pas impossible qu'elles parussent excéder les limites du nécessaire et du juste.

Les droits de l'auteur sur sa pensée sont sacrés; la justice veut qu'on s'en souvienne. Mais il faut se souvenir aussi que d'autres y ont des droits qu'il serait injuste de méconnaître. L'auteur crée; mais il crée en collaboration avec ceux qui l'ont précédé. Les plus glorieuses productions de l'esprit humain n'échappent pas à cette loi. Les traités philosophiques de Sénèque sont à Sénèque sans contredit; mais qui oserait dire que ces hautes conceptions quasi-chrétiennes ne sont pas aussi à son siècle? La mécanique céleste de Laplace est l'œuvre d'un puissant esprit; mais n'est-elle pas aussi l'œuvre successive des temps? M. Renouard, parlant devant M. de Lamartine, disait: « Sans la bible et Homère, sans Racine et Châteaubriand, » aurions-nous Lamartine! » M. Renouard avait raison; et cependant le poète est, entre tous, celui qui doit le moins à ses devanciers. — Il semble donc juste que les créations intellectuelles, toujours empruntées, pour partie, au réservoir commun de la pensée humaine, y rapportent, après un certain temps, le tribut qu'elles lui doivent, s'y absorbent et la grossissent pour des fécondations nouvelles [1].

Si l'écrivain ou l'artiste a une dette envers le passé, il en a une autre envers l'avenir. Le génie reçoit le flambeau des générations qui précèdent pour le porter devant les générations qui suivent. Homère n'a pas le droit de chanter pour lui seul. Newton ne surprend pas à Dieu son secret pour le garder ou en faire le patrimoine de ses descendants. La grande pléïade des génies français du 17e siècle n'élève pas notre belle langue à la hauteur d'une des plus merveilleuses créations de l'esprit, pour que le patrimoine en soit marchandé à la France et à l'humanité, au nom d'un intérêt privé, si respectable et si haut qu'il puisse être. Toutes ces œuvres immortelles naissent providentiellement dans l'esprit de quelques hommes, leur appartiennent un moment, mais pour appartenir bientôt à la Société humaine tout entière. En retour de ces riches apports du génie ou de la science, l'admiration des hommes donne à l'écrivain, à l'artiste, non seulement la gloire, l'impérissable honneur du nom, mais les dignités publiques, quelquefois le pouvoir

[1] « Certains auteurs, en parlant de leurs ouvrages, disent : *Mon Livre*, *mon Commentaire*, *mon Histoire*. Ils sentent leur bourgeois... qui ont toujours un *chez moi* à la bouche. Ils feraient mieux de dire : *notre* livre... vu que d'ordinaire il y a plus en cela du bien d'autrui que du leur (Pascal). »

Voltaire a dit : « Les écrits, c'est du feu qu'on emprunte et qu'on prête à son voisin. »

suprême, souvent aussi la richesse qui, elle, est héréditaire. Qu'on ne dise donc pas que la société est injuste envers l'auteur, si elle ne lui accorde à perpétuité la disposition absolue et exclusive de sa pensée.

Mais n'est-ce pas une révoltante iniquité, a-t-on dit, que l'héritier d'un grand nom littéraire soit exposé à mendier son pain, quand le monde est plein de la gloire de ce nom ? Cela est regrettable sans doute, quoique cela n'arrive guère. Mais enfin l'hérédité préviendrait-elle ce malheur ? Non, car l'auteur ou son héritier peut céder à un éditeur, à un étranger, son droit de propriété ; les descendants de cet éditeur, de cet étranger, seront alors à perpétuité propriétaires de l'œuvre ; qu'y aura gagné la postérité de l'auteur ? La petite nièce de Corneille se mourait de misère, s'écrie-t-on, entre Polyeucte et le Cid. Oui, mais Voltaire l'a secourue et je doute qu'une loi de propriété perpétuelle l'eût fait. Dites si après un siècle, la loi que vous demandez assurerait du pain à tous les petits neveux, à toutes les petites nièces de Schiller ou de Châteaubriand. Où est la propriété, même territoriale, qui a cette admirable vertu ? Quelle est la plus solide fortune qui, par l'effet des transactions et du temps, ne passe vite en des mains étrangères ou ne s'évanouit en invisibles parcelles ? — A moins qu'on ne décrète que la propriété littéraire est incessible ; à moins qu'on ne la grève d'une substitution perpétuelle en faveur des héritiers du nom, ce que personne n'a proposé jusqu'à ce jour, il faut renoncer à prévenir un inconvénient qui est attaché à la nature même des choses et qui n'est pas du ressort de la justice des hommes.

Encore si la perpétuité du droit de propriété était une valeur dans les mains de l'auteur lui-même ; s'il en était plus riche, de son vivant ; on pourrait dire que c'est justice. — Mais en serait-il ainsi ? Non ; car de deux choses l'une. Ou il voudrait conserver à ses héritiers la propriété de son œuvre et se bornerait à en céder pendant sa vie une ou plusieurs éditions, et alors son bien-être personnel ne différerait en rien de ce qu'il est aujourd'hui. Ou il aliénerait entièrement sa propriété, et, dans ce cas, je crois pouvoir affirmer qu'un droit perpétuel ne se vendrait pas plus cher qu'une jouissance moyenne de cent ans, durée actuelle. — La perpétuité du droit en effet n'est pas tout, il y faut encore l'immortalité de l'œuvre ; or l'immortalité est rare, elle ne se présume guère non plus, et ne s'escompte pas volontiers par les éditeurs [1]. — Mais il y a plus ; nous verrons tout à l'heure que, pour les simples mortels, et ils sont nombreux parmi les écrivains, la concession illusoire d'un droit perpétuel de vie pourrait bien, à quelques égards, appauvrir la vie présente et réelle.

Il faut prendre garde que justice est comparaison. *Justitia est jus suum cuique tribuere*. Or, à côté des œuvres littéraires et artistiques, il y a les grandes découvertes scientifiques, industrielles, qui, elles aussi, sont le fruit

[1] On raconte que Labruyère espérait si peu de ses *Caractères* qu'il en fit cadeau à l'enfant de son libraire. Voilà ce que se vend une œuvre immortelle.

du génie, elles aussi l'honneur et la richesse de l'humanité. Pourquoi la perpétuité de propriété serait-elle donnée aux unes, refusée aux autres? On se rappelle la belle discussion de 1839 dans la Chambre des Pairs [1]. Pendant de longs jours, d'éloquents orateurs avaient exalté, à bon droit, la gloire et le mérite des auteurs et des artistes ; on avait demandé pour eux, sinon la perpétuité, du moins une longue jouissance de propriété. Un homme se leva enfin, qui, sans nier l'importance des lettres et des arts, avait le droit de parler au nom de la science et de ses utiles applications. M. de Gay-Lussac, c'était lui, demanda s'il ne serait pas question aussi de la propriété de ces admirables inventions pour lesquelles on accorde à peine des brevets de cinq, dix, quinze ans au plus, et qui cependant rendent quelques services à la société. Non pas qu'il réclamât pour elles une propriété perpétuelle ni-même bien longue, il était le premier à reconnaître qu'en de telles matières la propriété privative doit être de courte durée, mais il demandait, au nom d'une justice comparative, que la propriété littéraire n'élevât pas trop haut son ambition, et il vota contre l'augmentation de durée qui était alors proposée. — Les partisans les plus décidés de la perpétuité en matière de propriété littéraire accordent volontiers que les inventions scientifiques ou industrielles ne doivent point prétendre au même bénéfice. « Ces inventions, disent-ils, appartiennent à l'humanité. Il faut en déposséder le

[1] V. pages 57 à 59.

propriétaire sous peine, pour la société, de n'en pas jouir. Une invention appelle le perfectionnement, et le perfectionnement tue l'invention. L'imprimerie, la vapeur, la poudre ne peuvent être éternellement la propriété d'une famille. C'est une injustice particulière, exceptionnelle, mais nécessaire[1]. » Oui, tout cela est vrai, ou à peu près, mais aussi bien pour les œuvres d'esprit et d'art que pour les découvertes de la science. Les unes ni les autres ne peuvent être indéfiniment la propriété d'une famille ou d'un individu. Les unes et les autres sont destinées à servir le genre humain. Il en est de presque tous les livres comme de presque toutes les inventions, on ne peut les perfectionner sans les tuer. Enfin, je ne dis pas comme vous que la dépossession de l'invention est une injustice, mais je dis avec vous que c'est une *nécessité*, pour le livre comme pour l'invention ; car ces choses sont de même nature et de même condition. *Nécessité*, c'est là le mot ; et nécessité de raison c'est justice.

La perpétuité du droit des auteurs n'est point commandée par la justice ; l'est-elle par l'*utilité* ?

La perpétuité serait-elle utile ?

Serait-elle utile à la société? Serait-elle utile aux auteurs eux-mêmes?

A la société?

On a dit que la perspective d'une propriété indéfinie serait un encouragement puissant pour les travaux de l'in-

[1] M. de Champagnac, *Revue européenne*, 15 janvier 1860.

telligence, et susciterait de ces grandes œuvres qui honorent et instruisent l'humanité. — Nous l'avons dit, et il faut le répéter ici : la perpétuité de la propriété ne fait pas l'immortalité des œuvres. S'il est bien que les nobles efforts de l'intelligence reçoivent aujourd'hui pour récompense la richesse avec la gloire, il faut reconnaître aussi, à l'éternel honneur du génie, que ce n'est point la perspective de l'or qui l'appelle et l'inspire. L'esprit humain a vu éclore tous ses chefs-d'œuvre aux jours où la loi ne faisait rien pour eux [1].

A un autre point de vue, on a dit que la perpétuité du droit des auteurs serait utile au public, en ce sens que certains ouvrages, qui périssent aujourd'hui par oubli, seraient rendus à la lumière par la vigilance intéressée du propriétaire, et réédités pour l'avantage de tous. Cela est possible. Mais pour quelques livres qui reverraient ainsi le jour, grâce à l'œil du maître, je craindrais que beaucoup d'autres ne le revissent jamais, à cause des exigences de ce même propriétaire qui veillerait sans doute, mais qui voudrait faire payer sa vigilance, ce qui pourrait bien refouler dans la tombe des œuvres qui, sans cela, en fussent sorties.

Quoi de plus clair, en effet, et de plus aisément appréciable que l'utilité du bon marché en une telle matière. Le

[1] Jamais le ciel ne fut aux humains si facile
Que lorsque Jupiter était de simple bois.
Depuis qu'on l'a fait d'or, il est sourd à nos voix.

bon marché des livres, c'est le pain des intelligences mis à la portée de tous. Or, qui pourrait soutenir sérieusement que la perpétuité de la propriété n'augmenterait pas le prix de tous les livres qui, aujourd'hui, après un temps déterminé, tombent gratuitement dans le domaine public? — On a prétendu, je le sais, que l'augmentation de prix résultant de l'exercice des droits d'auteurs serait insensible, surtout pour les bons ouvrages, lesquels intéressent seuls l'utilité publique. Ces ouvrages, a-t-on dit, sont tellement recherchés, ils se débitent à un si grand nombre d'éditions, que l'auteur ou son ayant-cause, en prélevant quelques centimes à peine sur chaque exemplaire, peut se faire toute une fortune. — Cela est vrai, si l'on veut, d'un petit nombre, d'un très petit nombre d'ouvrages, qui, pour le dire en passant, ne sont pas toujours les meilleurs; encore ces centimes sont-ils quelque chose. Mais il est telles autres œuvres qui, bien qu'excellentes, ne s'adressent qu'à une classe limitée de lecteurs, ne se tirent qu'à un petit nombre d'exemplaires, et qu'il peut être utile cependant de rééditer par intervalles. Or, sur de telles publications, le prélèvement du propriétaire sera nécessairement de quelque importance; c'est assez pour accroître notablement le prix de l'ouvrage; c'est assez pour l'empêcher d'arriver à certaines intelligences qu'il eût peut-être ouvertes à la lumière et fécondées pour l'utilité de tous. — A moins de dire que le bon marché des œuvres de l'esprit est un dommage public, ce que ne diront pas, je l'espère, les véritables amis des lettres, il faut reconnaître que, sous ce rapport au moins, la perpétuité du droit des auteurs serait contraire à l'intérêt général.

Il est un autre péril attaché à la perpétuité du droit des auteurs et qui, pour ne se produire qu'accidentellement, n'en a pas moins frappé tous les esprits par sa gravité. Avec la propriété absolue et perpétuelle en effet, un livre, la lumière, est à la merci d'un héritier, d'un possesseur quelconque, qui, par passion, vénalité, caprice, indifférence ou tout autre motif, peut déshériter un jour la société d'une portion du patrimoine intellectuel qui lui est destiné. Le droit de tous sur la pensée de chacun est tellement accepté, incontesté, inviolable, qu'il n'est pas un des partisans les plus résolus de la propriété perpétuelle qui n'ait essayé de résoudre la difficulté et de donner satisfaction à l'intérê social alarmé. — L'expropriation, pour cause d'utilité publique, s'est naturellement présentée comme expédient. On verra plus loin à quelles conditions et dans quelle forme on a proposé de réglementer cette expropriation. Pour parler plus exactement, on verra que le système auquel s'arrêtent les partisans de la perpétuité consiste à remplacer, au bout d'un certain temps et dans le cas de non réimpression, le droit de propriété lui-même par un simple droit à une redevance perpétuelle. Nous nous réservons d'examiner plus loin la valeur pratique de ce système ; nous constatons seulement ici qu'il méconnaît à la fois les principes d'une propriété perpétuelle et ceux de l'expropriation pour cause d'utilité publique, puisqu'il dépouille un propriétaire de sa chose, sans faire déclarer l'utilité publique par l'autorité compétente, et sans lui offrir l'indemnité préalable, librement débattue, régulièrement arbitrée, conditions ordinaires et nécessaires de toute propriété et de toute expropriation. (Art. 545 C. Nap.)

Napoléon Ier, discutant le décret de 1810, signalait un autre inconvénient : « La perpétuité de la propriété littéraire, disait-il, aurait des dangers ; le progrès des lumières serait arrêté, puisqu'il ne serait plus permis de commenter, ni d'annoter les ouvrages ; les gloses, les notes, les commentaires ne pouvant être séparés d'un texte qu'on n'aurait pas la liberté d'imprimer. » En effet, indépendamment de la reproduction intégrale des œuvres de l'esprit, il y a les reproductions partielles, les imitations, les emprunts, les extraits, les refontes, tous ces travaux de seconde main, si utiles, si nécessaires au mouvement et à la liberté des esprits, qui deviendraient à peu près impossibles, s'il fallait compter, disputer sans cesse avec les exigences d'une propriété ombrageuse.

Je viens de rechercher si la perpétuité du droit des auteurs serait utile à la société ; je n'ai trouvé pour la société qu'inconvénients et dommages.

Mais cette perpétuité serait-elle utile aux auteurs ou à leurs héritiers ?

On peut très sérieusement en douter. Chose digne de remarque ; ceux-là même qui demandent la propriété perpétuelle avec le plus d'énergie sont les premiers à convenir que la question est bien plus à leurs yeux une question d'honneur qu'une question d'intérêt. M. Jules Simon disait au *Congrès de Bruxelles* : « Je crois que les auteurs sont désintéressés dans la question ; le terme proposé (cinquante ans après la mort de la veuve) me paraît vraiment large et libéral. Pourquoi demandons-nous la perpétuité ? Nous la demandons par un sentiment d'honneur. C'est un droit, nous le réclamons [1] ».

En effet, à part quelques génies privilégiés qui sont justement appelés immortels, et qui vivront, autant par l'à-propos de leur gloire que par leur gloire même, comme les grands écrivains de la Grèce et de Rome, comme ceux de notre grand siècle, qui, les uns et les autres, ont été d'admirables esprits sans doute, mais qui ont eu aussi la rare fortune de mettre la dernière main à trois monuments frappés au coin de l'immortalité, les langues grecque, latine et française ; à part ces quelques hommes et un petit nombre d'autres, si l'on veut ; qui donc a le droit de compter sur les avantages d'une propriété perpétuelle ? Où sont les poètes, les orateurs, les philosophes, les historiens, dont les œuvres seront toujours lues, et surtout réimprimées, rééditées toujours ? — Je ne prendrai pas au mot M. de Lamartine qui, en parlant pour la propriété perpétuelle, se déclarait, lui aussi, désintéressé dans la question, par la *médiocrité de ses œuvres*. Non, mais je demande pour qui parle M. de Lamartine, et je dis qu'en

[1] *Congrès de la propriété littéraire*, par M. Victor Foucher.

dehors de quelques exceptions bien rares, les productions de l'intelligence sont, comme toutes les œuvres de l'homme, destinées à une existence limitée et passagère ; elles ont leur temps, pendant lequel elles charment ou instruisent, éclairent ou éblouissent, mais après lequel elles meurent ou reposent, laissant à peine un souvenir.

Même pour les œuvres immortelles, je l'ai déjà dit ailleurs[1], je dois le redire ici, l'auteur ni ses *véritables* héritiers n'ont rien à gagner, à souhaiter au-delà des lois actuelles, qui leur assurent une jouissance moyenne de cent années. Qu'y ajouterait, en fait et pratiquement, la perpétuité? — Pour l'auteur lui-même, et pour les avantages qu'il peut espérer de son vivant, un siècle ou la perpétuité, c'est tout un ; l'immortalité ne s'escompte pas. Pour les héritiers de son nom ou de son sang, point de différence non plus ; quelques années suffisent à faire passer la propriété dans des mains étrangères, et alors que devient pour la famille de l'auteur l'intérêt d'une propriété perpétuelle?

La perpétuité serait donc le plus souvent, pour l'auteur et sa famille, un don stérile et illusoire.

Je vais plus loin, ce serait un présent dangereux.

En effet, s'il est vrai que la plupart des œuvres de l'intelligence cessent d'être productives après un certain temps, il est clair que le grand intérêt pour elles est d'être protégées efficacement contre la contrefaçon pendant le temps où elles ont à la redouter. Or, le jour où la propriété

[1] V. page 105.

littéraire serait déclarée perpétuelle et où elle obtiendrait de la loi une protection indéfinie dans l'avenir, la protection dans le présent ne serait-elle pas, et par la force même des choses, moins efficace, moins étendue? Aujourd'hui, grâce à bien des efforts, mais grâce aussi à la durée temporaire du droit de propriété littéraire, les diverses nations en sont venues à se garantir par des traités la protection réciproque des œuvres de l'esprit. On ne peut imprimer, ni reproduire, ni traduire à l'étranger un ouvrage, sans le consentement de celui qui en a la propriété, et c'est un grand avantage pour les auteurs ; qui en peut douter? Mais supposez que cette propriété, au lieu d'être temporaire, devienne perpétuelle, et dites si les gouvernements se montreraient aussi faciles à conclure ces traités, c'est-à-dire à s'imposer toutes ces charges de surveillance et de police, et aussi tant de privations, lorsqu'il s'agirait d'interdire à perpétuité la libre réimpression, ou la traduction, ou la reproduction partielle des livres étrangers. Il est manifeste qu'on ne l'obtiendrait plus, que la contrefaçon redeviendrait le droit commun entre les peuples, et que, pour avoir voulu élargir la protection du côté du temps, on l'aurait rétrécie du côté des frontières, substituant ainsi le futur et l'inutile, à l'utile et à l'actuel.

Et ce n'est pas seulement au-dehors que la contrefaçon serait favorisée par la perpétuité de la propriété littéraire; il en serait de même au-dedans. En effet, ce n'est pas la contrefaçon intégrale, manifeste, audacieuse, que la plupart des écrivains ou des artistes ont le plus à redouter et contre laquelle ils invoquent le plus souvent la protection des lois ; c'est la contrefaçon partielle, hypocrite, d'autant plus redoutable qu'elle est obscure, incertaine, sujette à discussion. — Voilà par exemple, un livre de jurisprudence, sinon d'un mérite supérieur, du moins estimable, qui a coûté à son auteur des efforts et des veilles, qui est utile, et qui, à tous ces titres, est parfaitement digne de protection. Mais protéger ce livre dans cent ans est complètement inutile, car il sera mort alors, en ce sens au moins que, si on le lit quelquefois encore, personne ne songera plus à le rééditer. Il en faut dire autant de bien des livres, d'histoire, de littérature, de science, des genres les plus divers. Ce qui importe à de tels ouvrages, c'est d'être sérieusement protégés de leur vivant, c'est-à-dire protégés non seulement contre la contrefaçon ouverte et impudente, mais contre le plagiat, contre l'emprunt frauduleux, qui, avec un autre titre, sous d'autres formes, et à l'aide de quelques modifications menteuses, tentent de s'approprier malhonnêtement les fruits du travail honnête. Si vous faites une loi qui prétende protéger à perpétuité un tel livre, il arrivera que le juge qui était sévère à l'égard du plagiaire, quand il s'agissait de faire respecter une propriété temporaire, se montrera plus indulgent, moins prompt à la répression, quand on pourra lui dire avec quelque raison : « Prenez garde, cette protection rigoureuse que l'auteur vous demande aujourd'hui contre quelques emprunts insignifiants et inévitables, il pourra vous la demander dans cinquante ans, dans un siècle, toujours. Faut-il donc s'abstenir à perpétuité de traiter un sujet une fois traité? Est-il défendu, à toujours, de lire et de se souvenir? Un livre qui ne s'imprime plus, qui ne se vend plus, peut-il être éternellement, dans la main de son propriétaire, un épouvantail et même un moyen d'exploitation contre quiconque sera conduit par la force des choses à reproduire quelques lambeaux de ce livre? » Ou je me trompe, ou le juge se laissera toucher par ces considérations et dira à son tour aux auteurs : « Soyez plus patients, car vous avez l'avenir. » Et il leur diminuera le pain du jour, sous le prétexte que la loi leur donne l'éternité de vie.

Nous avons recherché : 1° si la perpétuité est une conséquence nécessaire de la propriété des auteurs en ce qui concerne le droit exclusif de reproduction; 2° si cette perpétuité est commandée par la justice; 3° si elle est utile, soit à la société, soit aux auteurs eux-mêmes. Il reste à examiner si elle est possible.

La perpétuité de la propriété des auteurs est-elle possible?

Je l'ai déjà dit, il n'est personne qui n'ait reconnu que la perpétuité du droit des auteurs avait au moins besoin d'un correctif. Les droits de la société, de la civilisation, du génie lui-même, ne permettaient pas en effet qu'il dépendît, à toujours, du bon plaisir d'un héritier ou d'un détenteur quel qu'il fût, de retenir ou de mesurer la lumière. — Avec raison on a dit que la perpétuité de propriété privée avait un corrélatif nécessaire, à savoir le droit, par la société, d'exproprier l'auteur ou ses successeurs pour cause d'utilité publique.

Depuis l'avocat général Séguier, qui se demandait s'il ne serait pas possible de créer un établissement national qui achèterait les manuscrits des auteurs et traiterait ensuite avec les libraires pour leur publication, on a bien souvent cherché à organiser cette expropriation des productions intellectuelles. On y a toujours échoué. Les commissions de 1825, de 1836, de 1839, après y avoir travaillé, ont déclaré leur impuissance.

En dernier lieu et tout récemment, le Comité de la Société des gens de lettres, aidé des lumières d'un jurisconsulte distingué [1], a proposé un système qu'on peut regarder comme le résultat de méditations sérieuses, éclairées, approfondies, comme le dernier mot des partisans de la propriété perpétuelle quant aux moyens d'organiser cette propriété.

Examinons ce système :

En voici une analyse succincte, mais exacte :

Système proposé par le Comité de la Société des gens de lettres.

« Le droit exclusif de reproduction constitue pour » l'auteur ou l'artiste, pour son conjoint, pour ses descen- » dants, ses ascendants, ses frères et sœurs, une propriété » absolue et perpétuelle. Pour les collatéraux et ces-

[1] M. Henri Celliez, avocat. *Proposition de loi sur la propriété intellectuelle.* Paris, au siége de la Société, 1861. — M. Celliez, avec une sincérité qui ne surprendra personne, déclare que la Commission l'a chargé de rédiger le rapport, bien qu'il ne partage pas son avis sur l'assimilation de la propriété intellectuelle à la propriété ordinaire.

» sionnaires, cette propriété sera également perpétuelle, » mais elle emportera *l'obligation* de publier l'ouvrage, » ou, s'ils laissent écouler dix ans sans faire un tirage, » de le laisser publier par tout le monde, moyennant une » redevance fixée par la loi. — La redevance sera fixée » à cinq pour cent du prix fort indiqué sur les exemplaires, » ou déclaré lors du dépôt légal et proportionnellement » au nombre d'exemplaires; le paiement en sera effectué » pour la totalité des exemplaires au moment de la publi- » cation. — En cas de déshérence, la redevance sera » payée à l'Institut de France qui la reversera, selon la » nature de l'œuvre, aux sociétés des auteurs ou des » artistes. — Il y aura à Paris un grand livre de la pro- » priété intellectuelle où seront inscrites toutes les muta- » tions de propriété et toutes les mises en demeure de » publier. »

Reprenons une à une ces dispositions.

I. L'auteur, son conjoint, ses descendants, et, à défaut de ceux-ci, ses ascendants, ses frères et sœurs, seront propriétaires à perpétuité. — Qu'on le remarque bien, c'est, pour toutes les personnes qui viennent d'être désignées, une propriété entière, absolue. En d'autres termes, c'est dire que toutes ces personnes pourront, à leur gré, faire vivre ou mourir une œuvre intellectuelle déjà publiée. Or, pour l'auteur, le conjoint, les frères et sœurs, les enfants, c'est bien. Mais *toute la descendance* ! N'est-ce pas aller directement contre le principe reconnu par les rédacteurs mêmes de la proposition et formulé par eux en ces termes : « que *l'héritier*, ou le cessionnaire, ou le tiers détenteur » ne doit pas pouvoir, dans un intérêt matériel ou dans » un but politique ou philosophique, retenir l'œuvre » et la retirer de la circulation, si les autres hommes » réclament cette circulation[1]. » — Que devient, je le demande, ce principe fondamental, si un héritier direct, à la troisième ou à la quatrième génération et au-delà, peut priver la société d'une œuvre dont elle *réclame la circulation* ?

II. Pour les collatéraux et cessionnaires, la propriété, également perpétuelle, emportera l'obligation de faire une édition tous les dix ans, ou de laisser le premier venu publier, moyennant une redevance fixée à l'avance par la loi. — Il y a encore ici contradiction dans les termes ou méconnaissance des principes. Vous dites *propriété perpétuelle*, et vous obligez le propriétaire à se dessaisir s'il laisse écouler quelques années sans faire une édition, et vous fixez à l'avance son indemnité sous forme de redevance. En agit-on ainsi avec une propriété perpétuelle ? — On comprend qu'à l'expiration d'un droit de propriété, reconnu et qualifié temporaire, le domaine public soit mis en possession, comme cela a lieu d'après les lois actuelles. — On comprend encore qu'une propriété perpétuelle soit l'objet d'une expropriation pour cause d'utilité publique régulièrement déclarée, et moyennant une indemnité préa-

[1] *Proposition de loi de la Société des gens de lettres*, p. 13.

lable judiciairement débattue et fixée. — Mais qu'on décrète d'une manière générale, que je serai, *de plano* ou sur une simple mise en demeure, dessaisi de ma propriété, par cela seul que je n'aurai pas fait une édition dans les dix ans ! Qu'on décrète à l'avance que cette expropriation sera réputée d'utilité publique, bien qu'elle puisse concerner un très mauvais livre et servir, non l'intérêt social, mais des intérêts privés peu respectables! Qu'on m'offre, au lieu d'une indemnité préalable représentant réellement la valeur de ma propriété, une redevance tout arbitraire, calculée à l'avance, tant bien que mal, sur la valeur future, non de l'œuvre elle-même, mais d'une ou de plusieurs éditions de cette œuvre ! Voilà qui heurte et blesse toutes les notions communes sur l'expropriation pour cause d'utilité publique. — Expropriez-moi régulièrement, ou dites que ma propriété est purement temporaire.

Mais on veut que l'héritier de l'auteur fasse une édition tous les dix ans au moins, sous peine de voir convertir sa propriété en un droit à une redevance. — Et si l'ouvrage, par sa nature, ne comporte pas de ces éditions décennales? Ou si, pour dépouiller de sa propriété un possesseur légitime, ou pour l'induire dans une dépense ruineuse, on lui adresse méchamment une mise en demeure de publier ou de délaisser? Ou bien encore si ce possesseur lui-même, pour se soustraire aux déchéances légales, fait des éditions simulées, des tirages illusoires ? — Que de difficultés ou de fraudes possibles.

Les rédacteurs de la *Proposition* se servent des mots d'*édition*, de *tirage*. Mais lorsqu'il s'agira, non pas de livres, mais d'œuvres d'art, de gravures, de sculpture surtout, qu'appellera-t-on éditions ou tirages décennaux? Et cependant on entend appliquer le système proposé aussi bien aux artistes qu'aux écrivains.

Autre question sur les éditions décennales. — Au lieu de rééditer les œuvres complètes de Rollin dont je suis propriétaire, j'en édite un abrégé. Cette réédition partielle suffira-t-elle pour me garantir de l'expropriation? Ou bien ne serai-je garanti que pour la partie publiée ? — Je suis propriétaire d'une œuvre d'art depuis longtemps livrée au commerce par les procédés de la gravure ou du moulage. Il me plaît d'y apporter quelques changements de détail en lui conservant cependant ses traits principaux, et je la réédite ainsi modifiée! Que vaudra cette réédition au point de vue de la péremption ou de la conservation de mes droits? — C'est, qu'en effet, à côté de quelques œuvres qui traversent les siècles, intactes, entières, la plupart n'y peuvent revivre qu'à l'aide de corrections, additions, retranchements, perfectionnements de toute nature, et c'est ce qui rend si difficile, impossible dans presque tous les cas, le système de l'expropriation pour cause de non réédition. — Cependant, répond-on, le système des redevances existe pour les représentations théâtrales et ne fait pas de difficultés? — D'abord la redevance théâtrale ne dure aujourd'hui qu'autant que dure la propriété de l'auteur, c'est-à-dire un temps limité, tandis que la redevance proposée serait éternelle. — Elle est fixée de gré à gré entre le directeur de théâtre et le propriétaire de l'ouvrage, ce qui lui permet de se plier à toutes les circonstances, tandis que la redevance à établir serait fixe, uniforme, obligatoire. — Les représentations théâtrales sont publiques, faciles à constater, et, par suite, la perception d'une redevance y est possible ; au contraire, l'impression ou le débit d'un livre à un nombre plus ou moins considérable d'exemplaires est chose obscure, insaisissable ; et y asseoir une redevance, est, sinon impossible, au moins fort difficile.

III. La redevance sera fixée d'avance par la loi, à cinq pour cent du prix fort indiqué sur l'ouvrage et proportionnellement au nombre d'exemplaires déclaré lors du dépôt ; le paiement en sera effectué pour le tout au moment de la publication. — Je ne reviens pas sur les graves inconvénients du renchérissement des livres résultant de la perception d'un droit d'auteur ; je m'en suis occupé ailleurs, en parlant des dangers de la propriété perpétuelle en général[1]. — Je ne parle ici que du système des redevances perpétuelles, et au point de vue spécial des difficultés de son application.

Or, pratiquement, comment conciliera-t-on la liberté de reproduction avec la charge d'une redevance? Lorsqu'il y a droit exclusif de reproduction, on conçoit une redevance ; l'éditeur traite alors avec le propriétaire pour une ou

[1] V. pages 108 et 109.

plusieurs éditions, moyennant un prix déterminé, mais en même temps il stipule qu'aucun autre éditeur ne pourra lui faire concurrence pendant le temps nécessaire à l'écoulement de ses éditions. Concevez-vous, au contraire, un éditeur entreprenant une réimpression qui l'oblige à payer une redevance au propriétaire, lorsqu'il peut craindre qu'un confrère ne vienne, soudainement, lui faire concurrence, peut-être même une concurrence déloyale et ruineuse, si celui-ci s'entend avec le propriétaire pour ne lui payer qu'une redevance inférieure au taux légal? Quel moyen aura-t-on de rassurer l'éditeur loyal mais prudent? Quel moyen de protéger le propriétaire lui-même contre cet inévitable marchandage?

Et comment s'assurera-t-on de l'exactitude des déclarations relatives au nombre d'exemplaires ? Quand l'auteur a un droit exclusif, il choisit son éditeur, son cotraitant ; c'est sa garantie. Mais quand le droit appartient à tout le monde, sauf redevance, le propriétaire est à la merci de la bonne ou de la mauvaise foi du premier venu.

IV. Le paiement de la redevance sera effectué pour la totalité des exemplaires au moment de la publication. — Soit; il est difficile, en effet, de concevoir qu'il en puisse être autrement. Mais alors combien de publications ne seront pas empêchées par une obligation si onéreuse ! Combien d'éditeurs seront dans l'impossibilité de l'assumer ! Et que devient cette liberté de reproduction reconnue cependant nécessaire ?

V. La redevance sera fixée à tant pour cent du prix de

l'exemplaire. — C'est, pour le cas, bien entendu, où la réédition d'un ouvrage est complète et littérale ? — Mais si la reproduction n'est que partielle, si le texte de l'ouvrage reproduit est accompagné de notes, de commentaires qui en augmentent notablement l'étendue ? ou bien encore si des extraits de plusieurs ouvrages sont réunis dans un *Recueil*, dans un *Cours de littérature*, dans une *Chrestomathie* ? Si, au lieu de réimprimer textuellement un ouvrage, on le refond, on le corrige, on l'augmente, on l'abrége, de manière à en faire quelque chose de nouveau, mais cependant en reproduisant l'ouvrage primitif dans ses parties principales ? Quelle sera dans ces cas si divers le taux de la redevance ? — Et ne dites pas que le nouveau publicateur traitera alors de gré à gré avec les propriétaires des œuvres originales, car il doit avoir le droit de déposer la redevance fixée par la loi et de passer outre à la publication ; c'est là votre principe, et en effet, c'est à cette condition que le *domaine public payant* est réellement mis en possession. Or, encore une fois, quelle sera la redevance dans les cas que je viens d'indiquer ?

VI. On déclare le système applicable aux artistes comme aux auteurs. — Mais comment fixera-t-on la redevance pour les objets d'art ? On ne le dit pas. Et supposant qu'elle puisse être fixée pour le cas où il s'agirait de la reproduction intégrale d'un tableau, d'un dessin, d'une sculpture, comment la fixera-t-on lorsqu'il s'agira d'une de ces reproductions partielles, de ces imitations, si fréquentes dans les arts, et qui, après un certain temps laissé à l'exercice du droit de propriété privée, sont évidemment le droit de tous, en même temps que la condition nécessaire de toute vie et de toute liberté dans les inspirations du génie ?

VII. Il y aura à Paris un grand livre de la propriété intellectuelle où seront inscrites toutes les mutations de propriété et toutes les mises en demeure à fin de publication. — *A Paris*? Mais on renonce donc à appliquer le système aux publications faites à l'étranger? On reconnaît donc qu'il n'est pas possible d'en étendre les effets au-delà des frontières ? On a raison, sans doute. Mais alors que devient ce prétendu droit à une redevance, s'il est paralysé par la libre concurrence de l'étranger ? Que devient aussi cette conquête récente, la reconnaissance internationale du droit de propriété intellectuelle, s'il faut désormais en scinder les effets, et la compromettre dans d'inextricables confusions ?

Mais ce *Grand livre* de la propriété intellectuelle, même à l'intérieur, comment en étendra-t-on le bénéfice aux artistes? Un ouvrage de librairie a un titre, une appellation précise, qui le distingue nettement, qui est comme son état civil; — au contraire, que d'œuvres d'art qui n'ont point de désignation connue, qu'il serait à peu près impossible de spécifier, de nommer sur le *Grand livre*, et dont, par conséquent, avec la meilleure foi du monde, les futurs publicateurs seraient dans l'impuissance de retrouver les propriétaires !

VIII. En cas de déshérence, l'Etat ou, pour lui, l'Institut deviendra propriétaire, percevra la redevance, mais l'abandonnera aux sociétés d'auteurs ou d'artistes. — Mais, si je ne me trompe, la redevance n'a plus ici de raison d'être. Vous reconnaissez que la propriété privative, et même la redevance, en matière de littérature et d'arts, sont un dommage pour la société tout entière, qu'elles font obstacle, dans une certaine mesure du moins, à la diffusion des lumières, à la liberté et à l'essor de l'esprit humain ; c'est un sacrifice, dites-vous, qu'exige la justice envers l'auteur, qu'exige le respect de la propriété. Mais lorsqu'il y a déshérence, c'est-à-dire lorsque l'auteur, ses héritiers, ses cessionnaires, sont absolument désintéressés, et que l'Etat devient son seul successeur, est-ce que l'Etat peut accepter le rôle qu'on veut lui donner? Est-ce que, sous le prétexte de justice et de respect de la propriété des auteurs, l'Etat peut toucher une redevance qui est un dommage moral et intellectuel pour tous ? Mais, dit-on, il abandonnera cette redevance aux Sociétés d'auteurs et d'artistes qui s'en serviront pour secourir des confrères malheureux ! Le but est louable; mais ce n'est plus là du droit, ni de la justice, ni de la propriété. — On dit : « La Société des auteurs dramatiques a donné, à cet égard, un bon exemple. Elle impose aux théâtres une rétribution pour les pièces du domaine public comme pour celles des auteurs vivants. Elle verse ce produit dans sa caisse, et quand un descendant de la famille d'un auteur est dans une situation pénible... la commission lui offre, comme une sorte de restitution, le denier qu'elle a récolté sur le produit pécuniaire de l'œuvre... Demandons au législateur la consécration de ce principe[1]. » La Société des auteurs dramatiques n'a pu imposer cela aux théâtres que par des conventions librement consenties de part et d'autre; mais il est évident que la loi ne pourrait, sans injustice, faire peser sur le public les inconvénients multiples de la redevance en matière de littérature, de théâtre ou d'arts, pour appliquer le produit de cette redevance à d'autres qu'aux propriétaires légitimes des œuvres qui en seraient frappées.

Nous pourrions prolonger cette réfutation déjà bien longue d'un système qui n'est pas nouveau, qui s'est produit dans la commission administrative de 1825 pour y être repoussé, que M. Portalis a examiné avec faveur en 1839, dans la commission de la chambre des Pairs, et qu'il a fini cependant par déclarer à peu près impossible, qu'enfin le congrès de Bruxelles a discuté à son tour pour l'écarter à une grande majorité. Nous croyons en avoir dit assez pour prouver que ce système, avec le désir sincère de combiner les divers principes de la matière, les heurte, au contraire, et les oppose entre eux sans les concilier; qu'il laisse subsister presque tous les inconvénients de la propriété perpétuelle, en la sacrifiant cependant; et qu'enfin il présente des difficultés d'application

[1] *Proposition de loi de la Société des gens de lettres sur la propriété intellectuelle*, p. 17.

excessives, et, nous croyons pouvoir le dire, insurmontables.

J'ai essayé de montrer successivement : 1° que le droit des auteurs à la reproduction exclusive de leurs œuvres, bien que constituant un droit de propriété, n'est pas pour cela un droit nécessairement et naturellement transmissible à perpétuité, et qu'il est permis dès-lors d'examiner si la perpétuité y est réclamée par la justice ou par l'utilité; 2° que, la balance étant tenue égale entre l'auteur et la société, la justice repousse la perpétuité du droit exclusif; 3° que l'utilité au double point de vue de l'intérêt de la société et de l'intérêt de l'auteur repousse également cette perpétuité; 4° enfin, que la perpétuité, sous quelque forme qu'on la veuille concevoir, semble impraticable et impossible.

Un mot encore, et nous avons fini.

A des novateurs décidés, on oppose sans succès l'autorité du passé, de l'exemple, des opinions compétentes. Pour qui juge sans parti pris, ces choses ont au contraire quelque valeur.

Or, que l'on consulte l'histoire, l'universalité des législations, le sentiment de la plupart des hommes qui ont fait de ces questions une étude approfondie et autorisée, on y rencontrera la confirmation constante des principes qui viennent d'être exposés.

L'histoire ! — Du jour de l'invention de l'imprimerie jusqu'au 30 août 1777, point de propriété littéraire;

régime du privilége de pure faveur; privilége temporaire, avec des prolongations facultatives combattues et condamnées par les parlements[1]. — En 1777, le privilége est appelé une grâce fondée en justice; dans la réalité, il reste une concession arbitraire de l'autorité, concession à perpétuité si elle est aux mains de l'auteur ou de ses héritiers, concession réduite à une durée viagère si elle est ou passe aux mains d'un cessionnaire[2]. — Ce régime mixte dure quinze ans à peine, après quoi les lois de 1791 et 1793 substituent au système du privilége arbitrairement concédé celui d'un droit de propriété législativement consacré, mais d'une propriété *temporaire;* système qui, avec quelques modifications successives quant à la durée, a été depuis lors et jusqu'à ce jour la loi de notre pays sur cette matière.

Les législations étrangères! — Dans toutes se retrouve une limite de durée assignée à la propriété des auteurs et des artistes. En Angleterre, en Allemagne, en Russie, en Hollande, en Belgique, en Italie, en Espagne, aux Etats-Unis, partout une propriété temporaire; la limite peut varier, mais partout il y a limite. Les législations de la Russie et de l'Espagne sont celles qui accordent la jouissance privative la plus longue; elles accordent cinquante ans à dater de la mort de l'auteur ou de son conjoint[3].

[1] V. pages 12 à 34.

[2] V. pages 38 et suiv.

[3] La perpétuité paraît avoir existé en Hollande de 1796 à 1811, et de 1814 à 1817. — En tout, dix-huit années, à deux reprises!

Les opinions compétentes ! — Je ne prétends récuser personne, et encore moins opposer les jurisconsultes aux écrivains, comme on l'a fait quelquefois en discutant ces questions. Mais puisque ce sont des autorités que je veux invoquer ici, je demande à ne citer que des opinions qui puissent avoir cette valeur aux yeux de tous, soit par la juste renommée de ceux de qui elles émanent, soit par la solidité de leurs travaux sur la matière, soit par le caractère de leur mandat, soit par le désintéressement de leur esprit. — Qu'on ne parle pas de d'Héricourt, de Diderot, de Linguet, qui ont soutenu dans le dernier siècle la perpétuité de la propriété littéraire ; car ils ont plaidé une cause, défendu un intérêt ; ils n'ont pas exprimé une opinion [1]. — Mais Portalis, mais Lamartine, compétents, désintéressés, illustres entre tous, auraient voulu, eux aussi, que la perpétuité fût possible. Comment ont-ils conclu cependant ? M. Portalis a cherché les moyens de constituer, non pas une propriété perpétuelle, mais une redevance perpétuelle ; il en a reconnu la difficulté, l'impossibilité ; il a fini par proposer une durée temporaire de cinquante années après la mort de l'auteur [2]. M. de Lamartine « aurait peut-être proclamé la perpétuité, comme philosophe, c'est lui qui parle ; comme législateur, il a pensé que le moment n'était pas venu [3]. » — Ainsi le philosophe était tenté de dire oui, mais le législateur a dit non. C'est

[1] V. pages 27, 31, 40, 41.

[2] *Moniteur*, 1839, p. 774.

[3] *Idem*, 1841, p. 634 et suiv.

qu'en effet, pour l'homme grave qui a mandat de décider, autre chose est l'inclination de l'esprit, autre chose la décision.

Mais à côté de cela, combien sont nombreux les hommes éminents, autorisés, illustres aussi, qui se sont prononcés, en théorie comme en pratique, au point de vue philosophique comme au point de vue législatif, pour une durée temporaire des droits attachés à la propriété de l'auteur? — En 1836, M. le professeur Laferrière résumait une discussion substantielle sous cette savante formule : « La propriété littéraire n'est pas transmissible, parce que le rapport de l'auteur à l'œuvre ne passe pas sur la tête de l'héritier[1]. » — En 1838, M. le conseiller Renouard, dans son *Traité des droits d'auteurs*, établissait le même principe avec autant de solidité que d'éclat. — En 1839, M. de Salvandy, présentant à la Chambre des Pairs un projet de loi sur la matière, lisait un exposé de motifs, remarquable à plus d'un titre, dans lequel il posait et justifiait magistralement la nécessité de la limitation de durée[2]. — Ce projet était successivement porté aux deux chambres, et là, MM. Siméon, Villemain, de Broglie, Felix Faure, Girod de l'Ain, Berville, Gay Lussac, prêtaient à cette même doctrine l'autorité de leur expérience, de leur savoir, de leur talent[3].

Et lorsque la question a été soumise à des assemblées

[1] V. page 99.
[2] V. page 56.
[3] V. pages 58 et suiv.

investies d'un mandat public pour les résoudre, comment ces assemblées l'ont-elle résolue ? — En 1825, une commission est formée pour préparer un projet de loi ; toutes les lumières y sont réunies ; la perpétuité est discutée, et repoussée. — En 1836, autre commission, non moins compétente, non moins éclairée ; même solution. — En 1839, la Chambre des Pairs est saisie ; la perpétuité n'y est même pas demandée ; le débat s'établit entre deux durées limitées, l'une de cinquante, l'autre de trente ans, et c'est la dernière qui l'emporte. — En 1841, la Chambre des Députés est saisie à son tour ; la perpétuité n'y rencontre qu'un défenseur, qui, après le plus magnifique plaidoyer, passe lui-même condamnation[1]. — En 1854, un nouveau projet de loi est porté au Corps-Législatif ; une augmentation de durée de dix années est proposée et votée sans discussion ; à peine un mot se fait-il entendre en faveur de la perpétuité. — Enfin, en 1858, un *Congrès* dit *de la propriété littéraire* est réuni à Bruxelles. La question y est solennellement débattue, approfondie. La perpétuité est encore écartée à une imposante majorité.

Je m'arrête, et je me résume ainsi : L'ENSEMBLE DES DROITS DE L'AUTEUR SUR SA PENSÉE EST UNE PROPRIÉTÉ ; CETTE PROPRIÉTÉ EST, DE SA NATURE, TEMPORAIRE.

[1] M. de Lamartine, p. [illegible].

Toulouse, typog. de Bonnal et Gibrac, rue St-Rome, 44.

www.ingramcontent.com/pod-product-compliance
Ingram Content Group UK Ltd.
Pitfield, Milton Keynes, MK11 3LW, UK
UKHW021058270726
13994UKWH00009B/542